OpenCVで始める
簡単 動画プログラミング
第3版

北山洋幸●著

カットシステム

■**サンプルファイルのダウンロードについて**

　本書掲載のサンプルファイルは、一部を除いてインターネット上のダウンロードサービスからダウンロードすることができます。詳しい手順については、本書の巻末にある袋とじの内容をご覧ください。

　なお、ダウンロードサービスのご利用にはユーザー登録と袋とじ内に記されている番号が必要です。そのため、本書を中古書店から購入されたり、他者から貸与、譲渡された場合にはサービスをご利用いただけないことがあります。あらかじめご承知おきください。

- 本書の内容についてのご意見、ご質問は、お名前、ご連絡先を明記のうえ、小社出版部宛文書（郵送または E-mail）でお送りください。
- 電話によるお問い合わせはお受けできません。
- 本書の解説範囲を越える内容のご質問や、本書の内容と無関係なご質問にはお答えできません。
- 匿名のフリーメールアドレスからのお問い合わせには返信しかねます。

本書で取り上げられているシステム名／製品名は、一般に開発各社の登録商標／商品名です。本書では、™ および ® マークは明記していません。本書に掲載されている団体／商品に対して、その商標権を侵害する意図は一切ありません。本書で紹介している URL や各サイトの内容は変更される場合があります。

はじめに

　動画を処理するプログラムを開発するのは容易ではありません。ところが、OpenCV[※1] を用いると、20 行程度のコードを記述するだけで、単純な動画処理プログラムを開発できます。本書は、これまで動画プログラミングに縁のなかった人や、動画処理プログラミングに二の足を踏んでいた人へ、動画処理プログラム開発の道案内を行います。

　OpenCV は、動画に特化したライブラリではなく、膨大な関数を用意した画像処理ライブラリ集です。一般的な二次元の画像処理、ヒストグラム処理、ポリゴン処理、テンプレートマッチング、オプティカルフロー、および顔認識など多様なアプリケーションを開発できる関数群を用意しています。これらの関数のリファレンス、ならびに大量のサンプルプログラムは、OpenCV のサイトに紹介されています。また、同サイトには、サンプルコードと共に、それに対する丁寧な説明文まで提供されています。

　OpenCV が、ほかの環境に比べ優れている点は、マルチプラットフォームであること、およびテンプレートマッチング、オプティカルフローなどが用意されていることです。そして本書の主題である動画がサポートされていることも大きな特徴です。このような背景から、OpenCV を用いた動画処理プログラミングを紹介することとしました。ごく簡単に動画プログラミングを行いたい人は、OpenCV を使用すると簡単にプログラムを開発できます。是非、本書を参考に、動画処理プログラミングの世界へ踏み出してください。

対象読者

- 動画プログラミング入門者
- OpenCV の概略を知りたい人
- フィルタプログラミング入門者

謝辞

　出版にあたり、お世話になった株式会社カットシステムの石塚勝敏氏に深く感謝いたします。

2018 年 初春 東大和市、南公園にて　北山洋幸

※1　Open Source Computer Vision Library

ライセンス

OpenCV も、一般的なオープンソースに漏れず、下記に示すライセンスが示されています。以降の内容に同意できない場合、OpenCV をダウンロード、コピー、インストール、および使用しないでください。

ただ、通常のオープンソースのライセンス同様、難しい使用条件は付帯されていません。通常、本ライセンスが OpenCV 使用の制限になることは考えられません。ただ、必ず全文に自身で目を通し、内容を確認して使用してください。OpenCV のライセンスについては、パッケージ内の LICENSE.txt に記述されています。

以下、改行などから読みにくいですが、原文をそのまま掲載します。

By downloading, copying, installing or using the software you agree to this license.
If you do not agree to this license, do not download, install,
copy or use the software.

                    License Agreement
             For Open Source Computer Vision Library
                   (3-clause BSD License)

Copyright (C) 2000-2016, Intel Corporation, all rights reserved.
Copyright (C) 2009-2011, Willow Garage Inc., all rights reserved.
Copyright (C) 2009-2016, NVIDIA Corporation, all rights reserved.
Copyright (C) 2010-2013, Advanced Micro Devices, Inc., all rights reserved.
Copyright (C) 2015-2016, OpenCV Foundation, all rights reserved.
Copyright (C) 2015-2016, Itseez Inc., all rights reserved.
Third party copyrights are property of their respective owners.

Redistribution and use in source and binary forms, with or without modification,
are permitted provided that the following conditions are met:

  * Redistributions of source code must retain the above copyright notice,
    this list of conditions and the following disclaimer.

  * Redistributions in binary form must reproduce the above copyright notice,
    this list of conditions and the following disclaimer in the documentation

and/or other materials provided with the distribution.

* Neither the names of the copyright holders nor the names of the contributors
  may be used to endorse or promote products derived from this software
  without specific prior written permission.

This software is provided by the copyright holders and contributors "as is" and
any express or implied warranties, including, but not limited to, the implied
warranties of merchantability and fitness for a particular purpose are disclaimed.
In no event shall copyright holders or contributors be liable for any direct,
indirect, incidental, special, exemplary, or consequential damages
(including, but not limited to, procurement of substitute goods or services;
loss of use, data, or profits; or business interruption) however caused
and on any theory of liability, whether in contract, strict liability,
or tort (including negligence or otherwise) arising in any way out of
the use of this software, even if advised of the possibility of such damage.

本書の使用にあたって

開発環境、および、実行環境の説明を行います。

■プラットフォーム
　OpenCVはマルチプラットフォームをサポートしています。今回は、Windowsを開発・実行環境に採用します。

■Windowsバージョン
　特にWindowsバージョンへの依存はありません。開発・実行はWindows 10を使用しました。

■ユーザーアカウント
　最近のWindowsではユーザーやアカウントの管理が強化されています。例えば、「標準ユーザー」ではプログラムのインストールやアンインストールは制限されます。コンパイラや、OpenCVの、インストールやセットアップで警告が出ることがありますので、なるべく「管理者」で実行してください。もちろん、管理者アカウントを使用する場合、危険なこともできますので、十分注意してください。

■ Visual C++ のバージョンとエディション

　すべてを確認したのは、無償の Visual Studio Community 2017 です。Visual Studio Community 2015 やそれ以前の Visual Studio でも問題はないでしょうが、確認は行っていません。特に Visual Studio へのバージョン依存はないと思われますが、使用した OpenCV のバージョンには Visual Studio 2017 と Visual Studio 2015 用の 64 ビットバイナリしか用意されていません。CMake で OpenCV のビルドなどを避けたかったら、Visual Studio Community 2017 の使用を推奨します。

■ OpenCV のバージョン

　OpenCV 3.4.0 を使用します。ほかのバージョンも多少確認し、問題は起きないことを確認しました。ただし、最終の確認を行ったのは OpenCV 3.4.0 です。OpenCV 3.4.0 には、Visual Studio 2015/2017 の x64 のバイナリしか含まれていませんでした。これ以外の開発環境や 32 ビットで使用したい場合、CMake の解説や OpenCV のビルドを参考にして自身の環境にあったバイナリを生成してください。自身でバイナリを生成する方法は付録 E に記述してあります。

■ x64 か x86

　本書では x64 を中心にチェックしました。これは CMake などの手間を省くためです。もちろん、自身でバイナリを生成すれば x86 でも問題ありません。自身でバイナリを生成する方法は付録 E に記述してあります。

■ 例外処理

　OpenCV の関数に間違った引数を指定すると、プログラムが異常終了することがあります。本書はごく単純な例外処理を組み込みました。より安全なプログラムとしたいなら自身で異常処理に対応した機構を組み込んでください。異常処理への対応を簡略化したのは、プログラムをシンプルにしたかったためです。

■ Mat と UMat

　OpenCV 3.0 以降では Mat の代わりに UMat を使用する方が高速に処理できる場合があります。本書では、Mat を使用していますが、性能に興味のある人は Mat を UMat へ書き換えてみるのも良いでしょう。

■URL

　書籍中に記述されているURLは原稿執筆時点のものです。URLの変更やウェブサイトの構造は頻繁に変更されますので、記述したURLが存在するとはかぎりません。もし、ページなどが見つからない場合は、トップページへ移動して探すか、インターネットでキーワードを検索してください。

　記述したURLに必ず紹介した内容が記載されていることを保証するものではありません。

用語

　用語の使用に関して説明を行います。

■カタカナ語の長音表記

　「メモリー」や「フォルダー」など、最近は語尾の「ー」を付けるのが一般的になっていますが、本書では統一していません。従来の表現と、最近の表現が混在しています。なるべく統一を心がけましたが、参考資料なども混在して使用しているため、統一が困難でした。

■クラスとオブジェクト

　本来はインスタンス化しているためオブジェクトと表現した方がよい場所でも、クラスと表現する場合があります。これは文脈から読み取ってください。

■InputArrayとOutputArray

　OpenCV 3.0以降の関数プロトタイプ宣言は、画像（行列）をInputArrayとOutputArrayで記述している場合があります。そこで、これにならいMat&などと記述した方が適切な場合も、InputArrayとOutputArrayを使用します。詳細については、節を設けて説明しましたので、そちらを参照してください。

■画像と行列

　C++でOpenCVの画像を保持する場合、Matオブジェクトなどを使用します。これらは基本的に行列を管理します。このため、画像を行列と表現する場合と、その逆の場合もあります。ただし、これらは同じものを指します。

■「/」と「¥」
　ソースコードを記述する際に、「/」と「¥」のどちらでも構わない場合、「/」を採用しています。なお、本文中でも「¥」が適している場合でも、ソースコードが「/」を使用している場合、「/」で表現しています。

■アパーチャサイズとカーネルサイズ
　両方とも同じものを指しますが、オリジナルドキュメントが混在して使用しています。なるべくオリジナルドキュメント通りとしたため、用語は統一されていません。

■ソースリストとソースコード
　基本的に同じものを指しますが、ソースリストと表現する場合ソース全体を、ソースコードと表現する場合、ソースの一部を指す場合が多いです。

■オブジェクト
　インスタンスと表現した方が良い場合でも、オブジェクトと表現している場合があります。両方を、厳密に使い分けていませんので、文脈から判断してください。あるいは、物体を指す場合もあります。

■映像とフレーム
　カメラから取得した画像を映像と表現する場合とフレームと表現する場合が混在しますが、同じものを指します。これらは文脈から判断してください。

■関数とメソッド
　本来ならコンストラクタやメソッドと表現した方が良さそうな場合でも、Cインターフェースを使用していた時の名残か関数という表現が、オリジナルドキュメントで採用されています。本書も、それに倣って関数という表現を多用します。

■動画、画像、フレーム
　動画、画像、フレームを混在して使用しています。動画は画像の集合です。ある瞬間では、動画も画像です。このため、動画を画像と表現した方が適切な場合があります。また、動画はフレームに分割できますので、フレームと表現する場合もあります。画像とフレームは、ほ

ぼ同様の意味ですが、文章の流れからフレームと表現した方が良い場合、フレームを採用します。

■関数とプロシージャ
　本来なら統一した方が良いのですが混在して使用しています。主に、関数はOpenCVへ、プロシージャは自身で開発したものへ使用しました。特に使い分けに意味はありません。

目次

はじめに iii

第1章　表示とキャプチャ …… 1

1.1　動画表示 2
動画ファイル対応版 5
1.2　動画をファイルへキャプチャ 7
性能向上版 9
1.3　動画を1フレーム単位でディスクへ保存 11
性能向上版 14
ファイル対応版 15
保存画像形式指定版 16
関数の説明 19

第2章　リアルタイム変形 …… 27

2.1　フリップ 28
動画ファイル対応 30
関数の説明 33
関数プロトタイプのInputArrayやOutputArrayについて 34
2.2　一部をフリップ 34
2.3　シャッフル 37
2.4　動画を回転 42
関数の説明 46
2.5　動画の一部回転 47
2.6　動画へ透視投影 50
関数の説明 54

第3章　色処理 …… 57

- 3.1　グレイスケール変換 58
  - 関数の説明 62
- 3.2　輝度平滑化 63
  - 関数の説明 64
- 3.3　閾値処理（スレッショルド処理） 65
  - メソッドの説明 71
- 3.4　色の分離 74
  - RGB をグレイスケールで表示 79
  - 関数の説明 80
- 3.5　ヒストグラムをリアルタイム表示 82
  - 関数の説明 85

第4章　リアルタイムフィルタ処理 …… 89

- 4.1　median フィルタ 90
  - 関数の説明 94
- 4.2　sobel フィルタ 94
  - 関数の説明 96
- 4.3　ラプラシアンフィルタ 97
  - 関数の説明 98
- 4.4　Canny フィルタ 99
  - 関数の説明 100
- 4.5　膨張フィルタ 101
  - 関数の説明 103
- 4.6　収縮フィルタ 104
  - 関数の説明 105
- 4.7　画像の色反転 106
  - 関数の説明 107

第5章　情報表示 …… 109

- 5.1　カメラ解像度検査 110
  - 関数の説明 113
- 5.2　カメラ解像度変更 114
- 5.3　動画ファイルの情報表示 118

第6章　動画ファイル操作 …… 121

- 6.1　動画ファイルの一部抽出 122
- 6.2　分割数を指定した動画ファイルの分割 129
- 6.3　フレーム数を指定した動画ファイルの分割 134
- 6.4　逆再生 138
- 6.5　残像 141
  - 残像を繰り返し残す方式 145
- 6.6　リサイズ 147
  - 関数の説明 149

第7章　二つの動画合成 …… 151

- 7.1　二つの動画ファイルを連結 152
- 7.2　二つの動画ファイルの差分 156
- 7.3　二つの動画ファイルをブレンド 160
- 7.4　二つの動画ファイルを交互に表示 164
  - 徐々に入れ替わる 168
  - フェードイン・アウトしながら入れ替わる 170

第8章　オブジェクト検出・除去 …… 173

- 8.1　コーナー検出 174
  - 関数の説明 177

8.2	オブジェクト除去	179
	関数の説明	181
8.3	ノイズ除去	182
8.4	オブジェクト検出	184
	関数の説明	189

第9章　応用 …… 191

9.1	再生速度を変更	192
9.2	フレーム間の差分抽出	195
9.3	静止画から動画を生成	199
	複数の静止画から動画を生成	202
9.4	インターレースノイズ除去	205
9.5	立体表示	208
	1台のカメラによる疑似立体動画	208
	2台のカメラによる立体動画	213

付　録　…… 221

A	Visual Studio のインストール	222
B	OpenCV のインストール	228
C	環境の設定	232
D	CMake のインストール	239
E	OpenCV をビルド	244

参考文献、参考サイト、参考資料 253

索　引 254

第1章

表示とキャプチャ

1.1 動画表示

単純な動画表示プログラムを紹介します。このプログラムは、パソコンに接続されたカメラを使用して、動画を画面に表示します。

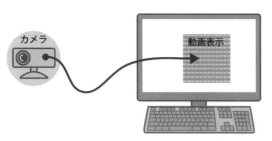

図1.1●動作イメージ

プログラムは、コンソールアプリケーションとして作成します。非常に短いプログラムです。ソースリストを次に示します。

リスト1.1● ¥01capture¥Sources¥disp.cpp

```cpp
#include <opencv2/opencv.hpp>              // OpenCV ヘッダ

#ifdef _DEBUG                              // Debug モードの場合
#pragma comment(lib,"opencv_world340d.lib")
#else                                      // Release モードの場合
#pragma comment(lib,"opencv_world340.lib")
#endif

int main()
{
    try
    {
        const std::string input = "camera";

        cv::VideoCapture capture(0);
        if (!capture.isOpened())
            throw "camera not found!";

        cv::Mat src;
```

```
            cv::namedWindow(input, cv::WINDOW_AUTOSIZE);

        while (true)
        {
            capture >> src;
            if (src.empty()) break;

            cv::imshow(input, src);

            if (cv::waitKey(1) >= 0) break;
        }
        cv::destroyWindow(input);                    // ウィンドウ破棄
    }
    catch (const char* str)
    {
        std::cerr << str << std::endl;
    }
    return 0;
}
```

　このプログラムは、カメラから 1 フレームを取り出し、そのフレームをウィンドウに表示する処理を繰り返すことによって、動画をウィンドウに表示します。

　本書付録の解説に従って Visual Studio のインクルードファイルとライブラリのパスが設定されていれば、OpenCV に関係するインクルードファイルやライブラリを、標準のヘッダやライブラリのようにファイル名を記述するだけで指定できます。ライブラリはプロジェクトのプロパティでも設定できますが、忘れることが多いため #pragma で指定します。

　さて、main プロシージャの先頭から説明します。まず、VideoCapture オブジェクトの生成時に、引数に 0 を指定し、最初のカメラに対するオブジェクトを生成します。引数に 0 を指定するため、パソコンにカメラが複数台接続されていても、最初に見つかったカメラを使用します。

　namedWindow でウィンドウを生成します。最初の引数はウィンドウの識別に使用するとともに、この引数はウィンドウのタイトルバーに表示されます。二番目の引数に WINDOW_AUTOSIZE を指定しますが、これはウィンドウサイズを画像サイズに自動で調整します。

　次に、while 文を使用し、何らかの割込みがあるまでカメラの映像を画面に表示します。まず、「capture >> src;」で、カメラの 1 フレームを取得し、Mat である src へ格納します。これは、「capture.read(src);」と記述したのと等価です。次の empty メソッドで画像を

読み込めたかチェックします。もし、画像を読み込めていない場合、break 文で while ループを抜けます。画像を得られた場合は、imshow で表示画面を更新します。このままでは、カメラが映像を返さないかぎり while ループを抜けることはできません。そこで、waitKey でキー入力を監視し、何らかの入力があれば while ループを抜けます。waitKey キーの引数は、待ち時間をミリ秒で指定します。本プログラムでは、1 を指定するため 1 ミリ秒の待ちですが、実際はカメラのフレームレートによって、しばらく待たされます。このため、表示の更新はカメラの性能に従います。

　while ループを抜けたら destroyWindow で、映像を表示中のウィンドウを破棄したのち、プログラムを終了します。VideoCapture オブジェクトのリソースなどは、プログラム終了時に解放されます。何らかのエラーを検出した場合、throw によって catch（…）｛ ｝ステートメントに捕らえられ、throw に続く文字列が表示されます。

　たったこれだけで動画の表示を行うことができます。OpenCV は、細かな制御は若干不得意ですが、非常に簡単に動画処理プログラムを開発することが可能です。

　実行例を次に示します。コンソールウィンドウからプログラム名を入力します。

図1.2●コンソールウィンドウでプログラム名を入力

　すると、動画ウィンドウが現れてカメラから取得した動画が表示されます。画像サイズやフレームレートなどは規定値が使われます。

図1.3●カメラから取得した動画が表示される

動画を表示中のウィンドウで、何かキーを押すとプログラムは終了します。

動画ファイル対応版

リスト 1.1 のプログラムを拡張して、カメラからの入力だけでなく動画ファイルの内容も表示できるようにしてみましょう。

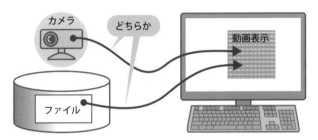

図1.4●動作イメージ

以降に、ソースリストを示します。

リスト 1.2 ● ¥01capture¥Sources¥disp2.cpp

```cpp
#include "../../Common.h"

int main(int argc, char* argv[])
{
    try
    {
        string input = "camera";
        int wait = 1;
        VideoCapture capture;

        if (argc == 2)
        {
            input = argv[1];
            capture = VideoCapture(input);
            wait = 33;
        }
        else
            capture = VideoCapture(0);

        Mat src;
```

```
        namedWindow(input, WINDOW_AUTOSIZE);

        while (true)
        {
            capture >> src;
            if (src.empty()) break;

            imshow(input, src);

            if (waitKey(wait) >= 0) break;
        }
        destroyWindow(input);
    }
    catch (const char* str)
    {
        cerr << str << endl;
    }
    return 0;
}
```

プログラムの先頭で、Common.h をインクルードしています。これは、このプログラム以降のソースコードで同じ記述になるため、一つにまとめインクルードするようにしたためです。

コマンドライン引数をチェックして、動画ファイル名が指定された場合はその動画ファイルを再生し、引数が指定されていない場合はカメラから取得した動画を表示します。カメラから動画を取得する場合は VideoCapture の引数に 0 を指定します。ファイルから動画を取得する場合は、VideoCapture の引数にファイル名を指定します。この例では、argv[1] を指定します。本プログラムは、Common.h 内で namespace を指定したため、cv:: や std:: は省略できます。

先のプログラムでは、何かキーを入力した時点でプログラムが終了しました。本プログラムは、読み込んだ画像が空のときは、break でプログラムを終了させます。このプログラムでは、動画ファイルが EOF に達すると、読み込んだ画像が空になるため、この break 文でプログラムは終了します。

本プログラムは動画ファイルのフレームレートを取得していません。このためカメラの動画表示と同じ方法を使用すると、動画ファイル再生は早送りのように高速で再生されてしまいます。そこで、動画ファイルのフレームレートを 30 fps と仮定し、cvWaitKey 関数の引数で速度を調整します。つまり、カメラからの入力では引数の wait を 1 に、ファイルからの入力で

はwaitを33にしています。ほかの処理は前節と同様です。

以降に、Common.hの内容を示します。

リスト 1.3 ● Common.h

```
#include <opencv2/opencv.hpp>              // OpenCV ヘッダ
#include <iostream>
#include <stdio.h>

#ifdef _DEBUG                              // Debug モードの場合
#pragma comment(lib,"opencv_world340d.lib")
#else                                      // Release モードの場合
#pragma comment(lib,"opencv_world340.lib")
#endif

using namespace cv;
using namespace std;
```

1.2 動画をファイルへキャプチャ

　動画をキャプチャし、ディスクへファイルとして格納するプログラムを紹介します。動作の概要を次に示します。

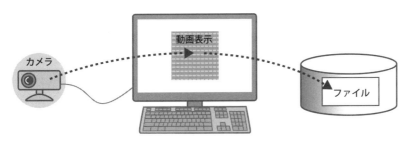

図1.5 ● 動作イメージ

このプログラムは、コンソールアプリケーションとして作成します。これも非常に短いプログラムです。ソースリストを次に示します。

リスト 1.4 ● ¥01capture¥Sources¥capture.cpp

```cpp
#include "../../Common.h"

int main()
{
    try
    {
        const string input = "camera", output = "dst.avi";
        VideoCapture capture(0);
        if (!capture.isOpened())
            throw "camera not found!";

        int width = static_cast<int>(capture.get(CAP_PROP_FRAME_WIDTH));
        int height = static_cast<int>(capture.get(CAP_PROP_FRAME_HEIGHT));
        cout << "frame size = " << width << " x " << height << endl;

        double fps = capture.get(CAP_PROP_FPS);
        fps = fps > 0.0 ? fps : 30.0;
        VideoWriter save(output, CV_FOURCC_DEFAULT, fps, Size(width, height));
        if (!save.isOpened())
            throw "VideoWriter failed to open!";

        Mat src;
        namedWindow(input, WINDOW_AUTOSIZE);
        while (true)
        {
            capture >> src;
            if (src.empty()) break;

            imshow(input, src);
            save << src;

            if (waitKey(1) >= 0) break;
        }
        destroyWindow(input);
    }
    catch (const char* str)
    {
        cerr << str << endl;
    }
```

```
    return 0;
}
```

　このプログラムは、カメラからフレームを取り出し、そのフレームをウィンドウに表示するとともにディスクへ動画ファイルとして保存します。画像のサイズは、VideoCapture オブジェクトの get メソッドに CAP_PROP_FRAME_WIDTH と CAP_PROP_FRAME_HEIGHT を与えて取得します。同様にフレームレートも CAP_PROP_FPS を与えて取得します。

　次に、VideoWriter でビデオライタオブジェクトを生成し、それを使用して動画を描き込みます。動画ファイルのエンコードは CV_FOURCC_DEFAULT を使用しデフォルトの方式を指定します。動画ファイル名はハードコードします。

　処理を途中でやめたい場合は、任意のキーを押せばキャプチャが終了します。ループを抜けたら終了処理を行います。OpenCV を使えば、動画のキャプチャも簡単です。動画キャプチャ中の様子を示します。キャプチャ中も、動画が表示されます。

図1.6●動画キャプチャ中の様子

性能向上版

　リスト 1.4 のプログラムはキャプチャ中も動画を表示するため、オーバーヘッドが大きくなり駒落ちする可能性が高くなります。このため、動画表示を省略すれば性能低下を免れることが期待できます。そのようにプログラムを変更したものを次に示します。

リスト 1.5 ● ¥01capture¥Sources¥fastCapture.cpp

```cpp
#include "../../Common.h"

VideoWriter getvWriter(const string fname, const VideoCapture capture)
{
    Size vSize = Size(
        static_cast<int>(capture.get(CAP_PROP_FRAME_WIDTH)),
        static_cast<int>(capture.get(CAP_PROP_FRAME_HEIGHT)));

    double fps = capture.get(CAP_PROP_FPS);
    fps = fps > 0.0 ? fps : 30.0;
    VideoWriter save = VideoWriter(fname, CV_FOURCC_DEFAULT, fps, vSize);
    //int encode = static_cast<int>(capture.get(CAP_PROP_FOURCC));
    //VideoWriter save = VideoWriter(fname, encode, fps, vSize);
    if (!save.isOpened())
        throw "VideoWriter failed to open!";

    return save;
}

int main()
{
    try
    {
        const string output = "dst.avi";

        VideoCapture capture(0);
        if (!capture.isOpened())
            throw "camera not found!";

        VideoWriter save = getvWriter(output, capture);

        Mat src;
        int frames = 1000;
        while (frames-->0)
        {
            capture >> src;
            if (src.empty()) break;

            save << src;

            if (waitKey(1) >= 0) break;
        }
```

```
    }
    catch (const char* str)
    {
        cerr << str << endl;
    }
    return 0;
}
```

　このプログラムは、性能向上のため動画表示は行わず、直接ディスクに動画ファイルを書き込みます。プログラムを起動すると、1000フレームキャプチャするまでプログラムは終了しません。性能は向上しますが、キャプチャ内容を同時に確認することはできません。

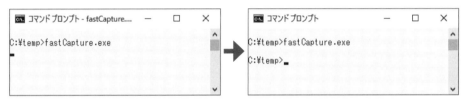

図1.7●キャプチャのみ行われる

1.3
動画を1フレーム単位でディスクへ保存

　動画をキャプチャし、1フレームを一つの画像ファイルとして保存するプログラムを紹介します。動作の概要を次に示します。

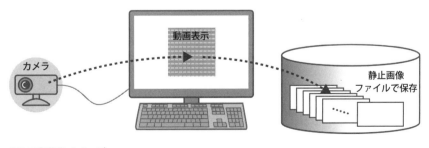

図1.8●動作イメージ

第1章 表示とキャプチャ

以降に、ソースリストを示します。

リスト1.6 ● ¥01capture¥Sources¥cam2img.cpp

```cpp
#include "../../Common.h"

int main()
{
    try
    {
        const string input = "camera";

        VideoCapture capture(0);
        if (!capture.isOpened())
            throw "camera not found!";

        Mat src;
        ostringstream output;
        namedWindow(input);
        int i = 0;

        while (true)
        {
            capture >> src;
            if (src.empty()) break;

            imshow(input, src);
            output.str("");
            output << "img" << setfill('0') << setw(6) << i++ << ".jpg";
            imwrite(output.str(), src);

            if (waitKey(1) >= 0) break;
        }
        destroyWindow(input);
    }
    catch (const char* str)
    {
        cerr << str << endl;
    }
    return 0;
}
```

このプログラムは、カメラ入力から1フレーム分の画像を取り込んでウィンドウに表示し、

同時に画像ファイルとして保存するという処理を繰り返し行います。カメラから1フレームずつ取り出す部分は、これまでと同様です。取り出した1フレームを、imwriteで画像ファイルとしてディスクに書き込みます。imwriteは、さまざまな画像フォーマットをサポートしていますが、ここではJPEG形式で保存します。

図1.9 ●動画をウィンドウに表示

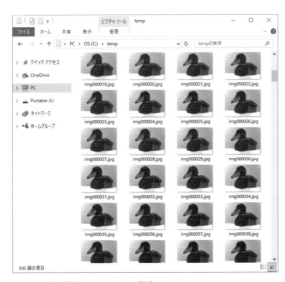

図1.10 ●画像をファイルに保存

性能向上版

　さきのプログラムは、キャプチャ中も動画を表示します。このため、オーバーヘッドが大きくなり、駒落ちする可能性が高くなります。そこで、画像表示部分を、すべて削除したプログラムを紹介します。これによって、駒落ちの可能性が大きく低下します。以降に、ソースリストを示します。

リスト 1.7 ● ￥01capture￥Sources￥fastCam2img.cpp

```cpp
#include "../../Common.h"

int main()
{
    try
    {
        VideoCapture capture(0);
        if (!capture.isOpened())
            throw "camera not found!";

        Mat src;
        ostringstream output;
        int i = 0;

        while (i<1000)
        {
            capture >> src;
            if (src.empty()) break;

            output.str("");
            output << "img" << setfill('0') << setw(6) << i++ << ".jpg";
            imwrite(output.str(), src);

            if (waitKey(1) >= 0) break;
        }
    }
    catch (const char* str)
    {
        cerr << str << endl;
    }
    return 0;
}
```

ファイル対応版

リスト 1.6 のプログラムは、少しの変更を加えるだけでカメラ入力だけでなく動画ファイルからの入力にも対応させることができます。入力ファイルは、通常 avi ファイルですが、環境がサポートしていれば、avi 以外のファイルも処理できます。

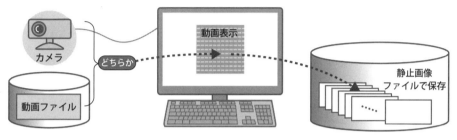

図1.11●動作イメージ

以降に、ソースリストを示します。

リスト 1.8 ● ￥01capture￥Sources￥cam2img2.cpp

```cpp
#include "../../Common.h"

int main(int argc, char* argv[])
{
    try
    {
        string input = "camera";
        VideoCapture capture;
        int wait = 1;

        if (argc == 2)
        {
            input = argv[1];
            capture = VideoCapture(input);
            wait = 33;
        }
        else
            capture = VideoCapture(0);

        Mat src;
        ostringstream output;
```

```
        namedWindow(input);
        int i = 0;

        while (true)
        {
            capture >> src;
            if (src.empty()) break;

            imshow(input, src);
            output.str("");
            output << "img" << setfill('0') << setw(6) << i++ << ".jpg";
            imwrite(output.str(), src);

            if (waitKey(1) >= 0) break;
        }
        destroyWindow(input);
    }
    catch (const char* str)
    {
        cerr << str << endl;
    }
    return 0;
}
```

このプログラムは、コマンドラインに何も指定しなければカメラから、コマンドラインに引数を指定したら、その動画ファイルから静止画を生成します。

ソースリストに網掛した以外の部分は、リスト1.6と同じです。

保存画像形式指定版

リスト1.8のプログラムをもとに、変換先のファイル形式と画像フォーマットまで指定できるようにしたプログラムを紹介します。動作の概要はリスト1.8のプログラムと同様です。まず、プログラムに与える引数について説明します。

①引数なし（例：cam2img3）
　カメラから得た動画を1フレーム単位でJPEGファイルへ変換し、保存する。
②入力ファイル指定（例：cam2img3 foo.avi）
　ファイルから得た動画を1フレーム単位でJPEGファイルへ変換し、保存する。

③入力／出力ファイル指定（例：cam2img3 foo.avi bar????.bmp）
　ファイルから得た動画を1フレーム単位で、指定されたファイル名とフォーマットに従って静止画に変換し、保存する。

　出力ファイル指定を行った場合は、出力ファイル名に0から始まる連番が付与されます。連番の桁数は、指定の際に記述した「?」の個数とします。また、拡張子でファイルのフォーマットを指定します。例えば、bmpはビットマップ形式、jpgはJPEG形式です。したがって③の例（bar????.bmp）のように指定すると、bar0000.bmp、bar0001.bmp、bar0002.bmp、……という名前のファイルが生成されます。
　以降に、ソースリストを示します。

リスト1.9● ¥01capture¥Sources¥cam2img3.cpp

```cpp
#include "../../Common.h"

// analyze file name
size_t
anaFname(const string inFname, string& prifix, string& suffix)
{
    size_t begin = inFname.find("?");
    size_t end = inFname.rfind("?");
    if (begin == string::npos || end == string::npos)
        return -1;

    prifix = inFname.substr(0, begin);
    suffix = inFname.substr(end + 1, inFname.length() - end - 1);

    size_t length = end - begin + 1;

    return length;
}

int main(int argc, char* argv[])
{
    try
    {
        VideoCapture capture;
        string input = "camera", prifix = "img", suffix = ".jpg";
        size_t length = 6;
```

```cpp
        if (argc > 1)
            input = argv[1];

        if (argc > 2)
        {
            if ((length = anaFname(argv[2], prifix, suffix)) < 0)
                throw "The second argument is invalid.";
        }

        if (input.compare("camera") == 0)
            capture = VideoCapture(0);
        else
            capture = VideoCapture(input);
        if (!capture.isOpened())
            throw "fail to open VideoCapture";

        Mat src;
        ostringstream output;
        namedWindow(input);
        int i = 0;

        while (true)
        {
            capture >> src;
            if (src.empty()) break;

            imshow(input, src);
            output.str("");
            output << prifix << setfill('0') << setw(length) << i++ << suffix;
            imwrite(output.str(), src);

            if (waitKey(1) >= 0) break;
        }
        destroyWindow(input);
    }
    catch (const char* str)
    {
        cerr << str << endl;
    }
    return 0;
}
```

このプログラムは、カメラまたは動画ファイルからの入力に対応します。引数に格納画像ファイルの形式が指定されていたら、anaFname プロシージャを呼び出します。返却値は「?」の桁数を表します。prifix には「?」が現れる前までの文字列、suffix には「?」より後の文字列が格納されます。処理内容についてはプログラムを参照してください。二番目の引数の処理以外は、これまでのプログラムと同様です。

関数の説明

本章で使用した OpenCV のクラスやメソッドを説明します。

cv::Mat

　C++ インターフェースで使用される画像を管理するクラスです。cv::Mat クラスは、実際のデータへのポインタやいろいろなプロパティ（幅、高さ、ビット深度など）を保持します。ほとんどの関数において出力用の領域を確保しておく必要はありません。多くの関数は適切なサイズ、型、ビット深度の cv::Mat を確保します。cv::Mat オブジェクトは、そのデータ領域（= 画像領域）が参照されなくなると自動的にメモリーを解放します。cv::Mat オブジェクトは、参照を管理するカウントを保持しており、0 になった場合、データを解放します。これは参照カウンタ（Reference.Count）で実現されます。しかし、使用者が自身でデータ領域を割り当てた場合、その領域の管理は使用者に委ねられます。

　従来の OpenCV では、C インターフェースの IplImage 構造体が使われていますが、OpenCV 3.0 以降では推奨されません。

cv::Mat::empty

配列が要素を持たない場合は true を返します。

形式

```
bool cv::Mat::empty() const
```

引数

なし。

説明

　Mat::total() が 0 の場合、または Mat::data が NULL の場合、このメソッドは true を返します。

cv::VideoCapture

ビデオファイルやカメラからキャプチャーするためのクラスです。

形式

```
cv::VideoCapture::VideoCapture( int device )
cv::VideoCapture::VideoCapture( const string& filename )
```

引数

device　　　使用するカメラの番号です。

filename　　使用する動画ファイル名です。

説明

引数の存在しないコンストラクタで VideoCapture オブジェクトを生成した場合、画像を得る前に Open メソッドでデバイスをオープンする必要があります。

cv::VideoCapture::get

VideoCapture の各種プロパティを取得します。

形式

```
double cv::VideoCapture::get( int property_id )
```

引数

property_id　　取得したいプロパティの ID を指定します。例えば、CV_CAP_PROP_FRAME_WIDTH を指定するとフレームの幅が、CV_CAP_PROP_FRAME_HEIGHT を指定するとフレームの高さを取得できます。

cv::VideoCapture::isOpened

キャプチャーデバイスが初期化されていたら true を返します。

形式

```
bool cv::VideoCapture::isOpened()
```

説明

　キャプチャーデバイスが初期化されていたら true を返します。VideoCapture のコンストラクタが成功し、そして VideoCapture オブジェクトの open メソッドが成功していたら true が返されます。

cv::VideoCapture::read

次のフレームを取り込み、エンコードします。

形式

```
bool cv::VideoCapture::read( OutputArray image )
VideoCapture& cv::VideoCapture::operator>> ( Mat& image )
```

引数

image　　　取得した画像（行列）です。

説明

　本メソッドは、VideoCapture.grab と VideoCapture.retrieve を連続で呼んだのと等価です。grab メソッドと retrieve メソッドを使用しても構いませんが、特別な理由がないかぎり本メソッドを使用する方が簡単です。もし、次のフレームを取得できなかった場合、false を返し、引数には NULL ポインタが設定されます。

cv::VideoWriter

ビデオライタクラスです。

形式

```
cv::VideoWriter( const String& filename, int fourcc,
                 double fps, Size frameSize, bool isColor=true )
```

引数

filename	出力するビデオファイルの名前です。
fourcc	フレームを圧縮するためのコーデックを表す4文字です。以降に例を示します。

('P','I','M','1')	MPEG-1 コーデック、拡張子は avi
('M','J','P','G')	motion-jpeg コーデック、拡張子は avi
('M','P','4','S')	MP4S コーデック、拡張子は mp4
('M','P','4','V')	MP4V コーデック、拡張子は mp4
('d','v','h','d')	dvhd コーデック、拡張子は wmv
('W','M','V','1')	WMV1 コーデック、拡張子は wmv

ほかにも、指定可能な引数値が存在します。CV_FOURCC_DEFAULT を指定するとデフォルトのコーデックが使用されます。詳細は OpenCV のリファレンスを参照してください。プラットフォームや環境に依存しますので、明示的に指定する場合、自身の環境で使えるコーデックか事前に調べると良いでしょう。

fps	ビデオストリームのフレームレートです。
frameSize	ビデオフレームのサイズです。
is_color	0 でない場合は、エンコーダはカラーフレームとしてエンコードします。そうでない場合、グレイスケールとしてエンコードします。現在、このフラグは一部のプラットフォームのみで有効です。

説明

この関数は、ビデオライタ構造体を作成します。どのようなコーデックや、ファイルフォーマットがサポートされるかは、ライブラリに依存します。

cv::VideoWriter::write

フレームをビデオファイルに書き込みます。

形式

```
void cv::VideoWriter::write( const Mat& image )
VideoWriter& cv::VideoWriter::operator<< ( const Mat& image )
```

引数

image　　　　書き込まれるフレームです。

説明

　本メソッドは、一つのフレームをビデオファイルに書き込む、もしくは追加します。フレームのサイズは VideoWriter を生成したときと同じサイズでなければなりません。

cv::namedWindow

ウィンドウを作成します。

形式

void cv::namedWindow(const String& winname, int flags = WINDOW_AUTOSIZE)

引数

winname　　　ウィンドウ識別子として使用されるウィンドウキャプション内のウィンドウ名です。

flags　　　　ウィンドウのフラグです。

説明

　namedWindow 関数は、画像とトラックバーのプレースホルダとして使用できるウィンドウを作成します。作成されたウィンドウは、その名前によって参照されます。同じ名前のウィンドウがすでに存在する場合、関数は何もしません。cv::destroyWindow または cv::destroyAllWindows を呼び出してウィンドウを閉じ、関連するメモリー使用量の割り当てを解除することができます。単純なプログラムでは、アプリケーションのすべてのリソースとウィンドウが終了時にオペレーティングシステムによって自動的に閉じられるため、これらの関数を呼び出す必要はありません。

cv::destroyWindow

指定されたウィンドウを破棄します。

形式

void cv::destroyWindow(const String& winname)

引数

winname　　破棄するウィンドウ名です。

説明

destroyWindow は、指定された名前のウィンドウを破棄します。

cv::imshow

ウィンドウ内に、指定した画像を表示します。

形式

void cv::imshow(const String& winname, InputArray mat)
void cv::imshow(const String& winname, const Mat& mat)

引数

winname　　ウィンドウの名前です。
mat　　　　表示する画像（行列）です。

説明

　本関数は、指定したウィンドウ内に画像を表示します。ウィンドウは画像のオリジナルサイズで表示されます。画像が 8 ビット符号なし整数の場合は、そのまま表示します。画像が 16 ビット符号なし整数または 32 ビット整数の場合は、ピクセル値は 0 ～ 255 にマップされます。画像が 32 ビット浮動小数点数の場合は、ピクセル値が 255 倍されます。つまり、0 ～ 1 の範囲が 0 ～ 255 に正規化されます。

cv::waitKey

キーが押されるまで待機します。

形式

`int cv::waitKey( int delay=0 )`

引数

delay　　　　遅延時間（ミリ秒）です。0は無限を意味する特別な値です。

説明

本関数は、指定した期間だけキーイベントを待ちます（0以下の値が指定された場合は無期限）。キーが押された場合は、そのキーコードを、キーが押されないままタイムアウトした場合は −1 を返します。

cv::imwrite

画像をファイルに保存します。画像フォーマットは指定したファイル名の拡張子で決定されます。

形式

```
bool cv::imwrite( const String& filename, InputArray img,
                  const vector<int>& params=vector<int>() )
```

引数

filename　　　画像ファイルの名前です。

img　　　　　保存する画像（行列）です。

params　　　 フォーマット依存の引数を指定します。以降に例を示します。

画像フォーマット	説明
JPEG の場合	0 から 100 までの値で画像品質（IMWRITE_JPEG_QUALITY）を指定します。高い値になるほど品質が良くなります。デフォルトは 95 です。
WEBP の場合	1 から 100 までの値で画像品質（IMWRITE_WEBP_QUALITY）を指定します。高い値になるほど品質が良くなります。デフォルトは 100 です。

画像フォーマット	説明
PNGの場合	0から9までの値で圧縮レベル（IMWRITE_PNG_COMPRESSION）を指定します。高い値になるほどファイルサイズが小さく、処理時間が長くなります。デフォルトは3です。
PPM、PGMまたはPBMの場合	バイナリフォーマットフラグ（IMWRITE_PXM_BINARY）を表します。0または1の値です。デフォルトは1です。

> 説明

　この関数は、画像を指定したファイルに保存します。画像フォーマットは、引数 filename の拡張子によって決まります。この関数によって保存できる画像は、8ビット1チャンネル、あるいは8ビット3チャンネル（BGRの順）の画像と16ビット符号なしなどを保存できますが、細かな制限があります。詳細はOpenCVのドキュメントを参照してください。保存できないフォーマットの場合、Mat::convertToメソッドやcvtColor関数でフォーマット変換を行ってから保存してください。

第2章 リアルタイム変形

2.1 フリップ

　ここでは、動画のフリップを行うシンプルなプログラムを紹介します。入力動画と処理後の動画を比較できるように、二つの動画を同時に表示します。

入力動画　　　flip_mode = 0　　　flip_mode > 0　　　flip_mode < 0

図2.1●フリップ

　以降に、ソースリストを示します。

リスト 2.1 ● ¥02afin¥Sources¥flip.cpp

```cpp
#include "../../Common.h"

int main(int argc, char* argv[])
{
    try
    {
        string  input = "camera", output = "output";
        Mat src, dst;
        int mode = 0;

        if (argc == 2)
            mode = atoi(argv[1]);        // set flip mode

        VideoCapture capture(0);
        if (!capture.isOpened())
            throw "camera not found!";

        namedWindow(input);
        namedWindow(output);
```

```cpp
            while (true)
            {
                capture >> src;
                if (src.empty()) break;

                flip(src, dst, mode);        // flip

                imshow(input, src);          // show input
                imshow(output, dst);         // show output

                if (waitKey(1) >= 0) break;
            }
            destroyAllWindows();
        }
        catch (const char* str)
        {
            cerr << str << endl;
        }
        return 0;
    }
```

このプログラムは、カメラから取り出した動画を1フレームずつフリップして表示します。処理の様子を確認できるように、フリップを行う前の入力動画も別のウィンドウに表示します。また、起動時に引数を指定して、フリップモード（上下反転、左右反転、上下左右反転）を変更することもできます。引数を省略すると、上下反転モードでフリップを行います。

画像のフリップは cv::flip 関数で実行します。cv::flip 関数の詳細については後述する関数の説明を参照してください。これまでは表示ウィンドウを一つしか使っていなかったため、cv::destroyWindow 関数を使ってウィンドウを閉じていました。しかし、このプログラムではウィンドウを二つ使っているため、cv::destroyAllWindows 関数を使ってすべてのウィンドウを閉じます。

いくつかの実行例を次に示します。以降に、入力動画、引数に 0、1、そして −1 を指定した結果を示します。

入力動画

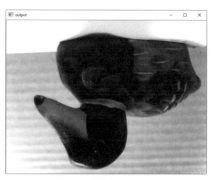
引数に0を指定したとき

引数に1を指定したとき

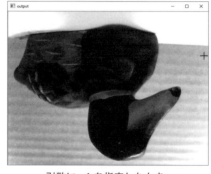
引数に−1を指定したとき

図2.2●実行例

動画ファイル対応

　リスト2.1のプログラムを変更して、カメラからの入力だけでなく、動画ファイルからの入力にも対応するプログラムを作成しましょう。

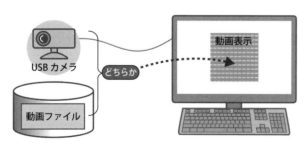

図2.3●動作イメージ

以降に、ソースリストを示します。

リスト 2.2 ● ¥02afin¥Sources¥flip2.cpp

```cpp
#include "../../Common.h"

int main(int argc, char* argv[])
{
    try
    {
        VideoCapture capture;
        string input = "camera", output = "output";
        Mat src, dst;
        int mode = 0, wait = 1;

        if (argc > 1)
            mode = atoi(argv[1]);          // set flip mode

        if (argc > 2)
        {
            input = argv[2];
            capture = VideoCapture(input);
            wait = 33;
        }
        else
            capture = VideoCapture(0);

        if (!capture.isOpened())
            throw "camera not found!";

        namedWindow(input);
        namedWindow(output);

        while (true)
        {
            capture >> src;
            if (src.empty()) break;

            flip(src, dst, mode);          // flip

            imshow(input, src);            // show input
            imshow(output, dst);           // show output

            if (waitKey(wait) >= 0) break;
```

```
        }
        destroyAllWindows();
    }
    catch (const char* str)
    {
        cerr << str << endl;
    }
    return 0;
}
```

　このプログラムは、カメラだけでなく、ファイルから取り出した動画を、1フレームずつフリップして表示します。コマンドライン引数としてフリップモードに続けてファイル名を指定すると、入力がカメラからファイルに切り替わります。ファイル名を指定しない場合はcv::VideoCaptureのコンストラクタに0を与え、最初に見つかったカメラを入力とします。ファイルを指定した場合はcv::VideoCaptureのコンストラクタに引数のファイル名を与え、動画ファイルを入力とします。

　whileループに入ったら、読み込んだMatオブジェクトが空か検査し、空ならプログラム終了に向かいます。カメラの場合は、接続ケーブルを引き抜くなどしないかぎり入力が途絶えることはありません。しかし、ファイルには末尾があるので、Matオブジェクトが空の場合、ファイルのEOFに達したと判断します。

　動画ファイルからの入力では、cv::waitKey関数の引数を1にすると表示が早送りになってしまいます。このプログラムではそれを避けるために、フレームレートが30 fpsとなるように待ち時間を設定します。入力がカメラの場合は、cv::waitKey関数の引数を1にしてもカメラのフレームレートが優先されるため、次のフレームが完成するまで次のフレームは読み込めません。このため、カメラからの入力では表示が早送りになる危険性はありません。その反面、駒落ちに気をつけなければならないでしょう。

　ほかの部分は、リスト2.1のプログラムと同様です。

関数の説明

cv::flip

2次元行列（画像）を垂直、水平、または両軸で反転します。

形式

```
void cv::flip( InputArray src, OutputArray dst, int flipCode )
void cv::flip( const Mat& src, Mat&         dst, int flipCode )
```

引数

src   入力画像（行列）です。
dst   出力画像（行列）です。
flipCode   画像（行列）のフリップ方向です。

flipCode	フリップ方向
0	x軸周りでの反転（上下反転）
>0	y軸周りでの反転（左右反転）
<0	両軸周りでの反転

表だけでは分かりにくいので、図で示します。

図2.4 ● flipCodeの値と出力の様子

説明

上下反転（flipCode = 0）を使用すると、y軸の座標を反転できるため、グラフなどを表示するときに便利な場合があります。左右反転（flipCode > 0）を使用すると、垂直軸に対する線対称性を調べることができます。反転後に差の絶対値を計算すると良いでしょう。左右の同時反転（flipCode < 0）を使用すると、中心点に対する点対称性を調べることができます。

関数プロトタイプの InputArray や OutputArray について

画像（行列）には、Mat、UMat、Mat_<T>、Matx<T, m, n>、std::vector<T>、std::vector <std::vector<T> >、std::vector<Mat>、InputArray や OutputArray などを指定できます。これは主に実装レベルのクラスであり、そのインターフェースは将来のバージョンでは変更される場合があります。本書で、これ以降、関数プロトタイプ宣言の画像（行列）に InputArray や OutputArray を使用します。これらが使用された場合、以下のように解釈してください。

InputArray	const Mat&
OutputArray	Mat&

すでに説明したように、InputArray や OutputArray と Mat や UMat は別物ですが、多数のプロトタイプ宣言を記載するのが面倒なため簡略化します。

2.2 一部をフリップ

前節のプログラムでは画面全体のフリップを行いました。ここでは、入力動画の一部をフリップするプログラムを紹介します。

図2.5●一部をフリップ

リスト 2.2 のプログラムとの相違点を次に示します。

リスト 2.3 ● ¥02afin¥Sources¥flipPart.cpp

```cpp
#include "../../Common.h"

int main(int argc, char* argv[])
{
        ⋮
    namedWindow(input);
    namedWindow(output);

    capture >> src;
    Rect roi = Rect(src.cols / 4, src.rows / 4, src.cols / 2, src.rows / 2);

    while (true)
    {
        capture >> src;
        if (src.empty()) break;

        src.copyTo(dst);
        Mat roiMat(dst, roi);
        flip(roiMat, roiMat, mode); // flip

        imshow(input, src);         // show input
        imshow(output, dst);        // show output

        if (waitKey(wait) >= 0) break;
    }
        ⋮
```

　このプログラムは、カメラまたは動画ファイルからフレームを取り出し、その中心部をフリップして表示します。引数はリスト 2.2 のプログラムと同様です。画像のフリップは cv::flip 関数で実行します。リスト 2.2 のプログラムと異なるのは、Mat オブジェクトに ROI[1] を設定し、ROI の範囲だけが処理される点です。
　Rect オブジェクト roi に ROI の座標を設定します。ROI の座標を以降に示します。

※ 1　Region Of Interest

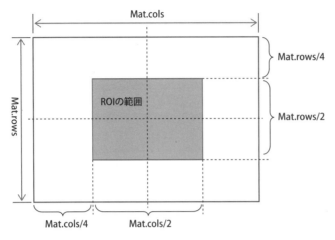

図2.6 ● ROIの座標

このROIを各画像に設定し、フリップを行います。あるいは、roiの範囲のサブマトリックスを指定してフリップを行うと表現しても良いでしょう。これによってROIの部分だけが処理対象となります。

プログラムの動作例を次に示します。以降に、入力動画、引数に0、1、そして−1を指定した結果を示します。

入力動画

引数に0を指定したとき

引数に 1 を指定したとき

引数に −1 を指定したとき

図2.7 ●実行例

2.3 シャッフル

ここでは、リスト 2.3 のプログラムを変更して、入力動画をシャッフルするプログラムを作成します。

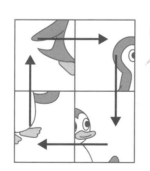

時間とともに入れ替わる

図2.8 ●動作イメージ

以降に、ソースリストを示します。

リスト 2.4 ● ¥02afin¥Sources¥shuffle.cpp

```cpp
#include "../../Common.h"

int main(int argc, char* argv[])
{
    try
    {
        VideoCapture capture;
        string input = "camera", output = "output";
        Mat src, dst;
        Rect rect[4];
        int shuffle[] = { 0,1,2,3 };
        int counter = 0, wait = 1;

        if (argc == 2)
        {
            input = argv[1];
            capture = VideoCapture(input);
            wait = 33;
        }
        else
            capture = VideoCapture(0);

        if (!capture.isOpened())
            throw "camera not found!";

        namedWindow(input);
        namedWindow(output);

        capture >> src;
        src.copyTo(dst);
        rect[0].width = rect[1].width =                    // 座標を計算
            rect[2].width = rect[3].width = src.cols / 2;

        rect[0].height = rect[1].height =
            rect[2].height = rect[3].height = src.rows / 2;

        rect[0].x = 0;
        rect[0].y = 0;

        rect[1].x = rect[0].width;
        rect[1].y = 0;
```

```
            rect[2].x = rect[0].width;
            rect[2].y = rect[0].height;

            rect[3].x = 0;
            rect[3].y = rect[0].height;

        while (true)
        {
            capture >> src;
            if (src.empty()) break;

            for (int i = 0; i < 4; i++)
            {
                Mat inRoi(src, rect[i]);
                Mat outRoi(dst, rect[shuffle[i]]);
                inRoi.copyTo(outRoi);
            }

            imshow(input, src);         // show input
            imshow(output, dst);        // show output

            if (waitKey(wait) >= 0) break;

            counter++;
            if (counter % 30 == 0)
            {
                int temp = shuffle[0];
                for (int i = 0; i < 3; i++)
                    shuffle[i] = shuffle[i + 1];
                shuffle[3] = temp;
            }
        }
        destroyAllWindows();
    }
    catch (const char* str)
    {
        cerr << str << endl;
    }
    return 0;
}
```

　このプログラムは、カメラまたは動画ファイルから取り出したフレームを順次シャッフルします。フレームを四つに分割し、それぞれをRectオブジェクトの配列rectに設定します。

rectの各要素とフレームの関係を図2.9に示します。

rect[0]	rect[1]
rect[3]	rect[2]

図2.9 ● rectの各要素とフレームの関係

　フレーム毎に、int型配列shuffleが指示するrect位置に入力画像をコピーします。配列shuffleは、30フレーム単位で入れ替えます。この値を、Rectオブジェクト配列のrectの添え字に使用して、画像をシャッフルします。少し分かりにくいですが、Rectオブジェクト配列rectの値を変更するのではなく、rectの要素を指すshuffle配列の内容を入れ替えることによって位置決めを行います。こちらの方がコードを簡潔にできます。

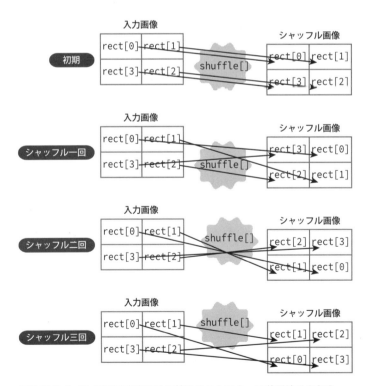

図2.10 ● shuffle配列の内容を入れ替えることによって位置決めを行う

画像のシャッフルは、入力画像と表示画像に異なるROIを与え、copyTo関数で異なる部分にコピーすることで行います。入力画像に与えるROIは固定で、表示画像に与えるROIをシャッフルします。画像に異なるROIを与えると表現していますが、ROIを与えたサブマトリックスを指定してコピー行うと表現しても良いでしょう。

以降に動作させた例を示します。順次表示位置がシャッフルされます。

入力動画

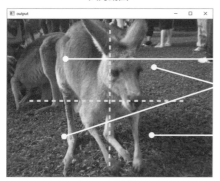
シャッフル前

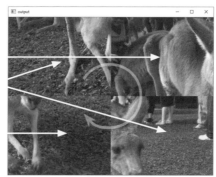
一回シャッフル後

二回シャッフル後

三回シャッフル後

図2.11●実行例

2.4 動画を回転

画面全体をリアルタイムに回転するプログラムを紹介します。

図2.12●動作イメージ

以降に、ソースリストを示します。

リスト 2.5 ● ¥02afin¥Sources¥rotate.cpp

```cpp
#include "../../Common.h"

// rotate
bool effect(const Mat in, Mat out)
{
    static float angle = 0.0f;

    if (angle >= 360.0f)
        angle = 0.0f;
    angle += 5.0f;

    Point2f center = Point2f(static_cast<float>(in.cols / 2),
        static_cast<float>(in.rows / 2));
    Mat affineTrans = getRotationMatrix2D(center, angle, 1.0);

    warpAffine(in, out, affineTrans, in.size(), INTER_CUBIC, BORDER_REPLICATE);

    return true;
}

int main(int argc, char* argv[])
{
```

```
    try
    {
        VideoCapture capture;
        string input = "camera", output = "output";
        Mat src, dst;
        int wait = 1;

        if (argc == 2)
        {
            input = argv[1];
            capture = VideoCapture(input);
            wait = 33;
        }
        else
            capture = VideoCapture(0);

        if (!capture.isOpened())
            throw "camera not found!";

        namedWindow(input);
        namedWindow(output);

        capture >> dst;

        while (true)
        {
            capture >> src;
            if (src.empty()) break;

            effect(src, dst);

            imshow(input, src);         // show input
            imshow(output, dst);        // show output

            if (waitKey(wait) >= 0) break;
        }
        destroyAllWindows();
    }
    catch (const char* str)
    {
        cerr << str << endl;
    }
    return 0;
}
```

このプログラムは、カメラまたは動画ファイルから取り出したフレームをリアルタイムで反時計方向に回転します。

まず、main プロシージャから説明します。コマンドラインに引数が指定されていれば、指定された動画ファイルを再生します。そうでなければ、カメラから連続的に映像を取り出し表示します。コマンドラインに引数が指定されていれば、ファイル名と判断し、それを引数にVideoCapture オブジェクトを生成します。そうでなければ、0 を指定して VideoCapture オブジェクトを生成します。

このプログラムは、入力動画を1フレーム単位で回転します。このため、回転した画像を格納するためのエリア dst へ1フレーム読み込みます。このように動画を読み込まず、Mat のコンストラクタに映像を確保できるように Mat オブジェクトを生成しても構いませんが、入力動画を読み込んだ方が簡単なため、このような方法を採用します。

while ループで、何かキーを押されるか、入力ファイルが終了するまでループを続けます。まず、capture オブジェクトから1フレーム取り出した後、フレームが空でないか検査します。これは、ファイルを処理しているとき、終端に達したときの判断に使用します。その画像と回転用の画像を引数に effect プロシージャを呼び出します。

waitKey 関数の引数に wait 変数を指定します。この変数は、カメラが入力の場合1を、ファイルが入力の場合 33 を保持します。カメラが入力の場合、フレームレートはカメラによって制御されます。ところが、入力がファイルの場合、フレームレートは制御されないため、適切な値を waitKey 関数へ与えないと、早回しやスロー再生になります。そこで、30 fps になるように 33 を指定します。本来なら、ファイルからフレームレートを取得し、その値から wait を設定すると良いのですが、ここでは簡易な方法を採用します。

effect プロシージャでは画像の回転を行います。回転角度は float 型変数 angle で保持します。本プロシージャが呼び出されるたびに、回転角度を 0.5°ずつ増加させます。

回転そのものは warpAffine 関数で行いますが、引数に 2×3 の Mat 行列を渡すことによって回転処理を行います。まず、Point2f オブジェクト center を生成し、回転原点に画像の中心を指定します。次に、getRotationMatrix2D 関数に、回転の原点、回転角度、そしてスケーリング値を指定し、画像回転に使用する 2×3 の2次元回転のアフィン変換行列を計算します。affineTrans オブジェクトは、スケーリング値が 1.0、回転角度が θ、そして原点が (X_a, Y_a) の場合、以下のような値が設定されます。

$$\text{affineTrans} = \begin{vmatrix} \cos\theta & -\sin\theta & X_a \\ \sin\theta & \cos\theta & Y_a \end{vmatrix}$$

θ は反時計方向への回転角度です。warpAffine 関数で実際の回転を行います。上記の行列式から、任意の点 (X_a, Y_a) を中心に、(x, y) を θ だけ反時計方向に回転したときの新しい座標 (X, Y) は、次の式で表すことができます。これは順方向です。

$$X = (x - X_a)\cos\theta + (y - Y_a)\sin\theta + X_a$$
$$Y = -(x - X_a)\sin\theta + (y - Y_a)\cos\theta + Y_a$$

逆変換は次の式で表すことができます。画像を回転させるということは、出力画像の各ピクセル値を入力画像中のピクセルから以下の式に従ってサンプリングすることと等価です。

$$x = (X - X_a)\cos\theta - (Y - Y_a)\sin\theta + X_a$$
$$y = (X - X_a)\sin\theta + (Y - Y_a)\cos\theta + Y_a$$

実際には、warpAffine 関数にはスケーリングや補間方法も指定できるため、もっと複雑な処理を行っています。本関数の使用者は、単に getRotationMatrix2D 関数に、回転の原点、回転角度、そしてスケーリング値を指定し、得られた行列を warpAffine 関数へ与えるだけで画像を回転できます。回転するときに画素の補間には INTER_CUBIC を使用します。

ほかの処理は、先のプログラムと同様です。以降に、実行例を示します。

入力動画

図2.13 ●実行例

関数の説明

cv::getRotationMatrix2D

2次元回転のアフィン変換行列を計算します。

形式

```
Mat cv::getRotationMatrix2D( Point2f center, double angle, double scale)
```

引数

center　　入力画像（行列）における回転中心座標です。

angle　　　度単位で表される回転角度です。回転は反時計回り方向です。

scale　　　スケーリング係数です。

戻り値

2×3のMatオブジェクトを返します。

説明

　画像（行列）を回転するための、2次元回転のアフィン変換行列を計算します。自分で、それぞれの値を計算しても構いませんが、この関数を用いると自動で計算します。

cv::warpAffine

画像（行列）のアフィン変換を行います。

形式

```
void cv::warpAffine( InputArray src, OutputArray dst, InputArray M,
                    Size dsize, int flags = INTER_LINEAR,
                    int borderMode = BORDER_CONSTANT,
                    const Scalar& borderValue = Scalar() )
```

引数

src　　　　入力画像（行列）です。

dst　　　　出力画像（行列）です。サイズはdsizeで型はsrcと同じです。

M　　　　　2×3の変換行列です。

dsize　　　出力画像（行列）のサイズです。

flags	補間手法などを示すオプションフラグです。オプションフラグWARP_INVERSE_MAPを指定すると、Mを逆変換（dst → src）と見なします。補間手法としては、INTER_NEAREST、INTER_LINEARおよびINTER_CUBICがサポートされます。
borderMode	ピクセル外挿法です（cv::BorderTypesを参照）。BORDER_TRANSPARENTは、対応する画素が外れ値の場合、変更されません。どのような外挿法があるかはOpenCVの仕様を参照してください。
borderValue	ボーダーに使用される値です。デフォルトは0です。

説明

2×3の変換行列を使用し、画像のアフィン変換を行います。

2.5 動画の一部回転

動画の一部をリアルタイムに回転するプログラムを紹介します。

図2.14●動作イメージ

前節のプログラムに近いため、異なる部分のソースリストを示します。

リスト 2.6 ● ¥02afin¥Sources¥rotatePart.cpp（一部）

```
    :
    namedWindow(input);
    namedWindow(output);
```

```
        capture >> src;
        Rect roi = Rect(src.cols / 4, src.rows / 4, src.cols / 2, src.rows / 2);

        while (true)
        {
            capture >> src;
            if (src.empty()) break;

            src.copyTo(dst);
            Mat roiMat(dst, roi);

            effect(roiMat, roiMat);

            imshow(input, src);           // show input
            imshow(output, dst);          // show output

            if (waitKey(wait) >= 0) break;
        }
        ⋮
```

　このプログラムは、カメラまたは動画ファイルから取り出したフレームの一部を、リアルタイムに反時計方向に回転します。前節のプログラムでは全画面の回転を行いましたが、このプログラムでは一部のみの回転を行います。

　ROI の設定などは 2.2 節「一部をフリップ」を、そして回転処理は 2.4 節「動画を回転」を参照してください。

　実行例を、以降に示します。時間軸を矢印で示します。

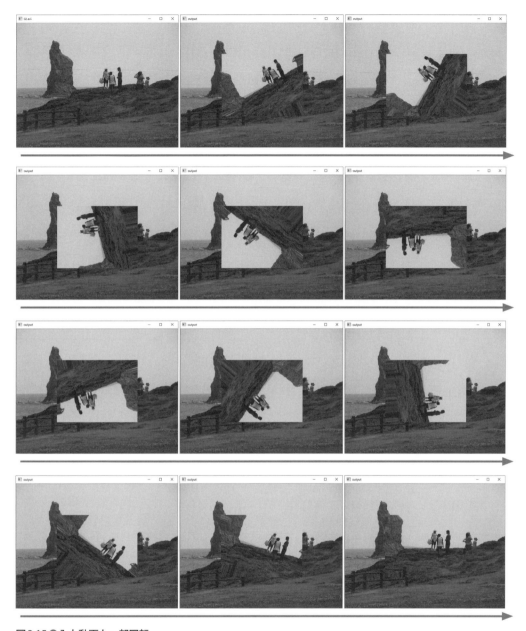

図2.15●入力動画と一部回転

2.6 動画へ透視投影

動画へ透視投影を行うプログラムを紹介します。OpenCV を使用すると、容易に透視投影を処理できます。前節のプログラムに近いため、異なる部分のソースリストを示します。

リスト 2.7 ● ￥02afin￥Sources￥perspective.cpp（一部）

```cpp
#include "../../Common.h"

// perspective
bool effect(const Mat in, Mat out)
{
    static float dY = 1.0;

    const int xMargin = in.cols / 10;
    const int yMargin = in.rows / 10;
    const int x0 = in.cols / 4;
    const int x1 = (in.cols / 4) * 3;
    const int y0 = in.rows / 4;
    const int y1 = (in.rows / 4) * 3;
    const Point2f srcPoint[] = {
            Point(x0, y0),
            Point(x0, y1),
            Point(x1, y1),
            Point(x1, y0)
    };
    static Point2f dstPoint[] = {
            Point(x0 + xMargin, y0 + yMargin),
            srcPoint[1],
            srcPoint[2],
            Point(x1 - xMargin, y0 + yMargin)
    };

    dY = dstPoint[0].y > (float)in.rows ? -1.0f : dY;
    dY = dstPoint[0].y < 0.0f ? 1.0f : dY;
    dstPoint[0].y += dY;
    dstPoint[3].y += dY;
    Mat perspectiveMmat = getPerspectiveTransform(srcPoint, dstPoint);
    warpPerspective(in, out, perspectiveMmat, in.size(),
                INTER_LINEAR, BORDER_CONSTANT, Scalar(230, 230, 230));
```

```
        return true;
}

int main(int argc, char* argv[])
{
    try
    {
        ⋮
        namedWindow(input);
        namedWindow(output);

        capture >> dst;

        while (true)
        {
            capture >> src;
            if (src.empty()) break;

            effect(src, dst);

            imshow(input, src);         // show input
            imshow(output, dst);        // show output

            if (waitKey(wait) >= 0) break;
        }
        ⋮
```

　このプログラムは、カメラまたは動画ファイルから取り出したフレームをリアルタイムに透視投影します。このプログラムでは、透視投影部分を effect プロシージャとして切り出しました。

　まず、main プロシージャから説明します。コマンドラインの引数や VideoCapture オブジェクトの生成は、これまでのプログラムと同様です。

　while ループに入る前に、処理した画像を格納するためのエリア dst へ 1 フレーム読み込みます。このように動画を読み込まず、Mat のコンストラクタに映像を確保できるように Mat オブジェクトを生成しても構いませんが、入力動画を読み込んだ方が簡単なため、このような方法を採用します。

　while ループに入り、入力動画を 1 フレーム単位で透視投影します。このループは、何かキーを押されるか、入力ファイルが終了するまでループを続けます。まず、capture オブジェ

クトから1フレーム取り出した後、フレームが空でないか検査します。これは、ファイルを処理しているとき、終端に達したときの判断に使用します。その画像と処理結果格納用の画像を引数に effect プロシージャを呼び出します。結果の表示やキー入力の監視は、これまでと同様です。

effect プロシージャで、透視投影変換を行います。まず、最初に透視投影に使用する座標を以降に示します。

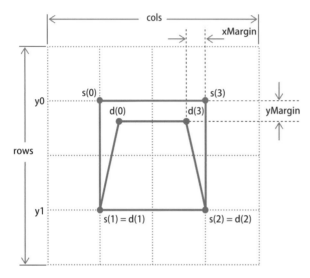

図2.16 ● 透視投影変換

図で示す s はプログラムコードの srcPoint に、d は dstPoint に対応します。本プロシージャは、呼び出されるたびに、上図の d[0] と d[3] のy座標に dY を加算します。d[0]と d[3] のy座標が rows と同じになったら、dY の値をマイナスにします。同様に、d[0]と d[3] のy座標が 0 になったら、dY の値をプラスの値に変更します。上図で説明すると、d[0] と d[3] が下の方に進み、底辺に達したら上方向へ移動します。そして d[0] と d[3]が上の方に進み、上辺に達したら、また逆方向へ移動します。この作業を呼び出されるたびに、繰り返します。得られた座標を getPerspectiveTransform へ与え Mat オブジェクトを求め、それを warpPerspective の引数に使用し、透視投影変換を行います。

実行例を、以降に示します。最初が入力動画です。続くのが透視投影を行った結果です。透視投影の結果はリアルタイムに変化します。今回は単純な座標を用いましたが、様々な座標を

与えると面白いでしょう。

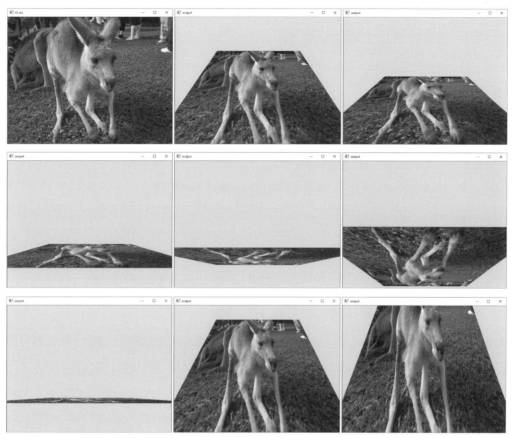

図2.17 ●入力動画と透視投影

関数の説明

cv::getPerspectiveTransform

透視変換を求めます。

形式

```
Mat cv::getPerspectiveTransform( const Point2f src[], const Point2f dst[] )
```

引数

src　　　入力画像上の四角形の頂点の座標です。

dst　　　出力画像上の対応する四角形の頂点の座標です。

返却値

透視変換を表す 3×3 の行列を返します。

説明

四つの対応座標から透視変換を表す 3×3 の行列を求めます。

cv::warpPerspective

画像に透視変換を適用します。

形式

```
void cv::warpPerspective( InputArray src, OutputArray dst, InputArray M,
                          Size dsize, int flags=INTER_LINEAR,
                          int borderMode = BORDER_CONSTANT,
                          const Scalar& borderValue=Scalar() )
```

引数

src　　　入力画像（行列）です。

dst　　　出力画像（行列）です。サイズは dsize で型は src と同じです。

M　　　　3×3 の変換行列です。

dsize　　出力画像のサイズです。

flags　　補間法を指定する INTER_LINEAR か INTER_NEAREST を指定します。また、WARP_INVERSE_MAP を追加で指定すると、M は逆変換（dst → src）

borderMode	ピクセル外挿法を指定します。指定できるのは、BORDER_CONSTANT または BORDER_REPLICATE です。
borderValue	対応のとれない画素に設定する値です。デフォルトは 0 です。

説明

四つの対応座標から、画像に透視変換を行います。この関数はインプレースはサポートしません。

第3章

色処理

3.1 グレイスケール変換

　単純な動画の色変換プログラムを紹介します。このプログラムは、入力動画をリアルタイムにグレイスケールへ変換します。また、変換結果を動画ファイルとして保存する機能も持ちます。

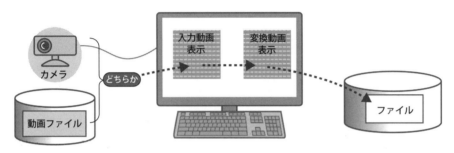

図3.1 ●動作イメージ

　以降に、ソースリストを示します。

リスト 3.1 ● ¥03color¥Sources¥grayScale.cpp

```cpp
#include "../../Common.h"

VideoWriter getvWriter(const string fname, const VideoCapture capture)
{
    Size vSize = Size(
        static_cast<int>(capture.get(CAP_PROP_FRAME_WIDTH)),
        static_cast<int>(capture.get(CAP_PROP_FRAME_HEIGHT)));

    double fps = capture.get(CAP_PROP_FPS);
    fps = fps > 0.0 ? fps : 30.0;
    VideoWriter save = VideoWriter(fname, CV_FOURCC_DEFAULT, fps, vSize);
    if (!save.isOpened())
        throw "VideoWriter failed to open!";

    return save;
}

int main(int argc, char* argv[])
```

```
{
    try
    {
        string input = "camera", output = "output";
        VideoCapture capture;
        VideoWriter save;
        Mat src, dst;
        int wait = 1;

        if (argc > 1)              // input
            input = argv[1];

        if (argc > 2)              // output
            output = argv[2];

        if (input.compare("camera") == 0)
            capture = VideoCapture(0);
        else
        {
            capture = VideoCapture(input);
            wait = 33;
        }
        if (!capture.isOpened())
            throw "input not found!";

        if (argc > 2)
            save = getvWriter(output, capture);

        namedWindow(input);
        namedWindow(output);

        while (true)
        {
            capture >> src;
            if (src.empty()) break;

            cvtColor(src, dst, COLOR_RGB2GRAY);

            imshow(input, src);
            imshow(output, dst);

            if (save.isOpened())
            {
                cvtColor(dst, dst, COLOR_GRAY2RGB);
```

```
                save << dst;
            }
            if (waitKey(wait) >= 0) break;
        }
        destroyAllWindows();
    }
    catch (const char* str)
    {
        cerr << str << endl;
    }
    return 0;
}
```

　カメラ、もしくは動画ファイルから取り出したフルカラーのフレームを、1フレームずつグレイスケールへ変換します。このプログラムも、入力動画とグレイスケールへ変換した動画を表示する二つのウィンドウを表示します。

　プログラムに与える引数について説明します。

---

grayScale　［入力］　［出力］

入力　入力ファイル名、または「camera」を指定します。「camera」を指定した場合は、接続されているカメラの0番を入力として使用します。

出力　変換結果を書き込むファイル名を指定します。

①引数なし（例：grayScale）
　カメラから得た動画を1フレーム単位でグレイスケールへ変換し、ウィンドウに表示します。
②入力ファイル指定（例：grayScale foo.avi）
　ファイルから得た動画を1フレーム単位でグレイスケールへ変換し、ウィンドウに表示します。
③入力／出力ファイル指定（例：grayScale foo.avi bar.avi）
　ファイルから得た動画を1フレーム単位でグレイスケールへ変換し、ウィンドウに表示するとともに、動画ファイルとして結果をディスクに保存します。

④カメラ入力／出力ファイル指定（例：grayScale camera bar.avi）

　カメラから得た動画を 1 フレーム単位でグレイスケールへ変換し、ウィンドウに表示するとともに、動画ファイルとして結果をディスクに保存します。

　変換結果を動画として格納する機能をサポートするために、宣言部で VideoCapture を定義します。コマンドラインに引数が存在しないか、または第 1 引数に「camera」を指定した場合は、入力はカメラと判断します。第 1 引数が「camera」以外の文字列なら、入力はファイルです。カメラから動画を取得する場合は VideoCapture の引数に 0 を指定します。ファイルから動画を取得する場合は、VideoCapture の引数にファイル名を指定します。第 2 引数が指定されていたら VideoWriter オブジェクトを生成し、変換結果を動画として保存します。VideoWriter オブジェクトの生成は getvWriter 関数で行います。

　同時に、ウィンドウの識別に使用する input と output を更新し、カメラを使用した場合やファイルへ空き込んだ時に、ウィンドウタイトルから入力と出力を判断できるようにします。

　前準備が完了したら、while 文によって動画の変換と表示を繰り返します。まず、入力源から 1 フレーム取り出します。次に、取り出したフレームを cvtColor 関数でグレイスケールへ変換します。cvCvtColor 関数の最後の引数に COLOR_RGB2GRAY を指定すると、フルカラー画像がグレイスケールへ変換されます。

　VideoWriter オブジェクトが開かれていたら、変換したフレーム書き込みます。引数のイメージはチャンネル数が 3 でなければならないため、書き込みを行う前に、cvCvtColor 関数の最後の引数に COLOR_GRAY2RGB を指定し 3 チャンネルのグレイスケールを作成します。

　何かキーが押されるか、読み込んだフレームが空ならループを終了させます。ループを抜けたら、destroyAllWindows 関数で二つのウィンドウを閉じます。

　getvWriter 関数は、引数のファイル名（fname）と VideoCapture（capture）から VideoWriter オブジェクトを生成し、呼び出し元に返します。引数の VideoCapture オブジェクトの get メソッドで動画のサイズ、フレームレート、そして引数のファイル名（fname）から、VideoWriter オブジェクトを生成します。

実行例を次に示します。紙面では分からないでしょうが、フルカラー画像がリアルタイムでグレイスケールに変換されます。

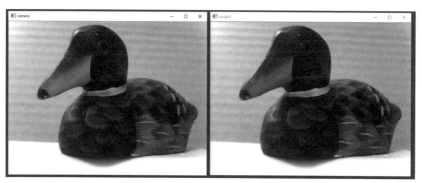

図3.2●実行例

関数の説明

cv::cvtColor

画像の色空間を変換します。

形式

```
void cv::cvtColor( InputArray src, OutputArray dst, int code, int dstCn = 0 )
void cv::cvtColor( const Mat& src, Mat& dst, int code, int dcn = 0 )
```

引数

- src　　入力画像（行列）です。
- dst　　出力画像（行列）です。形式は src と同じサイズ、同じ型です。
- code　「(src の色空間) 2 (dst の色空間)」の定数を用いて色空間の変換を指定します。詳細は OpenCV のリファレンスを参照してください。
- dcn　　入力画像（行列）のチャンネル数です。0 を指定すると、src および code から自動的にチャンネル数が求められます。

説明

この関数は、さまざまな色空間を変換します。本章のプログラムでは、カラー画像をグレ

イスケールへ変換するのに使用します。3チャンネルの色空間（HSV、XYZなど）画像を4チャンネル画像に格納することで、パフォーマンスが向上します。

3.2 輝度平滑化

動画の輝度をリアルタイムに平滑化するプログラムを紹介します。極端に輝度が一部に偏っているとき、その部分を広げ、見やすくします。以降に、ソースリストの一部を示します。

リスト 3.2 ● ¥03color¥Sources¥equalizeHist.cpp（一部）

```
        ⋮
        while (true)
        {
            capture >> src;
            if (src.empty()) break;

            cvtColor(src, src, COLOR_RGB2GRAY);
            equalizeHist(src, dst);

            imshow(input, src);
            imshow(output, dst);

            if (save.isOpened())
            {
                cvtColor(dst, dst, COLOR_GRAY2RGB);
                save << dst;
            }
            if (waitKey(wait) >= 0) break;
        }
        ⋮
```

OpenCVの輝度平滑化関数はグレイスケール画像を対象としているため、表示は入力動画も平滑後の動画もグレイスケールで行います。このプログラムは、前節のプログラムを少し変更するだけです。まず、`cvtColor`関数でカラー画像をグレイスケール画像に変換します。次に、`equalizeHist`関数で輝度の平滑化を行います。プログラム終了処理などはこれまでと同様

です。

実行例を図 3.3 に示します。輝度分布が広がり、画像が見やすくなります。

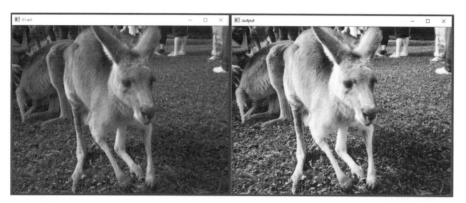

図 3.3 ● 実行例

関数の説明

cv::equalizeHist

グレイスケール画像のヒストグラムを均一化します。

形式

void cv::equalizeHist(InputArray src, OutputArray dst)

引数

src 　　入力画像（行列）です。

dst 　　出力画像（行列）です。

説明

この関数は、入力画像のヒストグラムを均一化します。

3.3 閾値処理(スレッショルド処理)

　ここでは、入力動画に対してリアルタイムに閾値処理(スレッショルド処理)を行い、その結果を表示するプログラムを紹介します。引数で、処理を切り替えます。
　以降に、ソースリストを示します。

リスト 3.3 ● ¥03color¥Sources¥threshold.cpp

```cpp
#include "../../Common.h"

// 画像処理
Mat effect(const Mat src, const int type)
{
    const int thType[] = {
        THRESH_BINARY,
        THRESH_BINARY_INV,
        THRESH_TRUNC,
        THRESH_TOZERO,
        THRESH_TOZERO_INV
    };
    Mat dst;

    cvtColor(src, dst, COLOR_BGR2GRAY);

    threshold(dst, dst, 150, 255, thType[type]);

    return dst;
}

VideoWriter getvWriter(const string fname, const VideoCapture capture)
{
    Size vSize = Size(
        static_cast<int>(capture.get(CAP_PROP_FRAME_WIDTH)),
        static_cast<int>(capture.get(CAP_PROP_FRAME_HEIGHT)));

    double fps = capture.get(CAP_PROP_FPS);
    fps = fps > 0.0 ? fps : 30.0;
    VideoWriter save = VideoWriter(fname, CV_FOURCC_DEFAULT, fps, vSize);
    if (!save.isOpened())
        throw "VideoWriter failed to open!";
```

```
        return save;
}

int main(int argc, char* argv[])
{
    try
    {
        string input = "camera", output = "output";
        VideoCapture capture;
        VideoWriter save;
        Mat src, dst;
        int type = 0, wait = 1;

        if (argc > 1)                   // type
            type = atoi(argv[1]);

        if (argc > 2)                   // input
            input = argv[2];

        if (argc > 3)                   // output
            output = argv[3];

        if (input.compare("camera") == 0)
            capture = VideoCapture(0);
        else
        {
            capture = VideoCapture(input);
            wait = 33;
        }
        if (!capture.isOpened())
            throw "input not found!";

        if (argc > 3)
            save = getvWriter(output, capture);

        namedWindow(input);
        namedWindow(output);

        while (true)
        {
            capture >> src;
            if (src.empty()) break;
```

```
                dst = effect(src, type);

            imshow(input, src);
            imshow(output, dst);

            if (save.isOpened())
            {
                cvtColor(dst, dst, COLOR_GRAY2RGB);
                save << dst;
            }
            if (waitKey(wait) >= 0) break;
        }
        destroyAllWindows();
    }
    catch (const char* str)
    {
        cerr << str << endl;
    }
    return 0;
}
```

　このプログラムは、カメラまたは動画ファイル（avi ファイル）から取り出したフレームに閾値処理（スレッショルド処理）を行います。前節と異なる部分を網掛して示します。前節のプログラムと、大きな違いがないことが分るでしょう。プログラムに与える引数について説明します。

---

threshold　［処理方式］　［入力］　［出力］

処理方式　　閾値を使った処理方式を指定します。詳細は後述します。ここには０から４までの数字を与えます。

入力　　　　入力ファイル名または「camera」を指定します。「camera」を指定した場合は、接続されているカメラの０番を入力として使用します。

出力　　　　変換結果を書き込むファイル名を指定します。

①引数なし（例：threshold）
　カメラから得た動画を１フレーム単位で閾値処理します。コマンドラインに引数がない

場合は、cv::threshold 関数の第 5 引数に THRESH_BINARY が指定されたものとして処理します。詳細は effect プロシージャの説明を参照してください。

② 処理方式指定（例：threshold 2）

カメラから得た動画を 1 フレーム単位で閾値処理します。cv::threshold 関数の第 5 引数に THRESH_TRUNC を指定して呼び出します。詳細は、effect プロシージャの説明を参照してください。

③ 入力ファイル指定（例：threshold 3 foo.avi）

ファイルから得た動画を 1 フレーム単位で閾値処理します。cv::threshold 関数の第 5 引数に、THRESH_TOZERO を指定して呼び出します。

④ カメラ入力指定（例：threshold 3 camera）

③ の入力をファイルからカメラへ変更します。

⑤ 入力／出力ファイル指定（例：threshold 1 foo.avi bar.avi）

ファイルから得た動画を 1 フレーム単位で閾値処理します。cv::threshold 関数の第 5 引数に、THRESH_BINARY_INV を指定して呼び出します。処理結果は、ウィンドウに表示するとともに、動画ファイルとして結果をディスクに保存します。

⑥ カメラ入力／出力ファイル指定（例：threshold 2 camera bar.avi）

カメラから得た動画を 1 フレーム単位で閾値処理します。cv::threshold 関数の第 5 引数に、THRESH_TRUNC を指定して呼び出します。処理結果は、ウィンドウに表示するとともに、動画ファイルとして結果をディスクに保存します。

これまでと同様の部分が多いため、異なる部分を説明します。main プロシージャは、引数の数が異なるだけで、ほぼ前節と同様です。

effect プロシージャで、閾値処理（スレッショルド処理）を行います。閾値処理には cv::threshold 関数を使用します。この関数は、いくつかの閾値処理を行うことが可能です。関数の詳細は、後述の説明を参照してください。ここでは、コマンドラインで与えられた値に従って閾値処理を行います。コマンドラインに与えられた引数は、cv::threshold 関数の第 5 引数として使用します。なお、閾値は 150 をハードコードしました。コマンドラインで与えた引数と cv::threshold 関数に与える引数の対応は次に示す通りです。

引数の値	cv::threshold 関数に与える引数
0	THRESH_BINARY
1	THRESH_BINARY_INV
2	THRESH_TRUNC
3	THRESH_TOZERO
4	THRESH_TOZERO_INV

これらの意味については、cv::threshold 関数の説明で詳しく解説します。

以降に動作例を示します。まず、引数に 0 を指定して（もしくは引数を指定せずに）プログラムを動作させた例を次に示します。最初に入力動画を示し、順次 0、1、2、3、そして 4 を指定した処理後の動画です。

図3.4●入力動画

図3.5●引数に 0 と 1 を指定したときの動作

引数に 0 と 1 を指定したときでは、明るさが逆になっているのが分かります。
引数に 2 と 3 を指定したときの例を示します。

図3.6 ●引数に2と3を指定したときの動作

最後に、引数に 4 を指定したときの例を示します。

図3.7 ●引数に4を指定したときの動作

引数を変えながら、いろいろな動画を試してください。

メソッドの説明

cv::threshold

行列の要素に対して一定値で閾値処理を行います。

形式

```
double cv::threshold( InputArray src, OutputArray dst,
                      double threshold, double max_value, int type )
```

引数

src	入力画像（行列）です。形式は、シングルチャンネルで8ビット、もしくは32ビット浮動小数点です。
dst	出力画像（行列）です。srcと同じサイズ、同じ型です。
threshold	閾値です。
max_value	threshold_type が THRESH_BINARY か THRESH_BINARY_INV のときに使用される最大値です。
type	閾値処理の種類です。詳細やリファレンスや本文を参照してください。各処理を表で簡単に示します。

表3.1●閾値処理の種類

threshold_type	説明
THRESH_BINARY	dst(x,y) = max_value if src(x,y) > threshold; 0 otherwise 擬似コード表現では； dst(x,y) = src(x,y) > threshold ? max_value : 0 ;
THRESH_BINARY_INV	dst(x,y) = 0 if src(x,y) > threshold; max_value otherwise 擬似コード表現では； dst(x,y) = src(x,y) > threshold ? 0 : max_value ;
THRESH_TRUNC	dst(x,y) = threshold if src(x,y) > threshold; src(x,y) otherwise 擬似コード表現では； dst(x,y) = src(x,y) > threshold ? threshold : src(x,y) ;
THRESH_TOZERO	dst(x,y) = src(x,y) if src(x,y) > threshold; 0 otherwise 擬似コード表現では； dst(x,y) = src(x,y) > threshold ? src(x,y) : 0 ;

threshold_type	説明
THRESH_TOZERO_INV	dst(x,y) = 0 if src(x,y) > threshold; src(x,y) otherwise 擬似コード表現では； dst(x,y) = src(x,y) > threshold ? 0 : src(x,y) ;

説明

　この関数は、シングルチャンネルの行列に対して、固定閾値を使用し閾値処理を行います。この関数は、グレイスケール画像から2値化画像を生成する場合や、ノイズ除去に用いられます。

以降に、typeに指定する値と閾値処理の対応を示します。輝度のグラフと、指定した閾値に対し、typeに指定する値がどのように作用するか説明します。以降に、ある画像の、あるラインの輝度を抽出し、グラフ化した様子を示します。

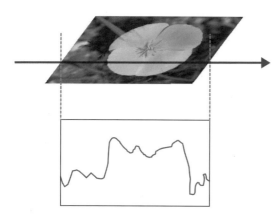

図3.8●画像内の1ラインの輝度変化グラフ

閾値処理タイプにTHRESH_BINARYとTHRESH_BINARY_INVを指定したときの処理方法を図で示します。

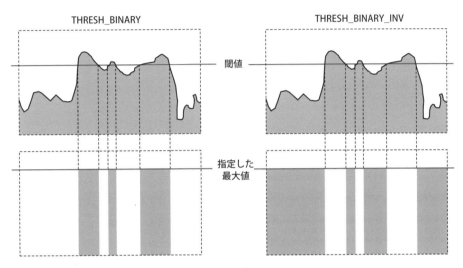

図3.9 ● THRESH_BINARYとTHRESH_BINARY_INVの処理

閾値処理タイプにTHRESH_TRUNCとTHRESH_TOZEROを指定したときの処理方法を図で示します。

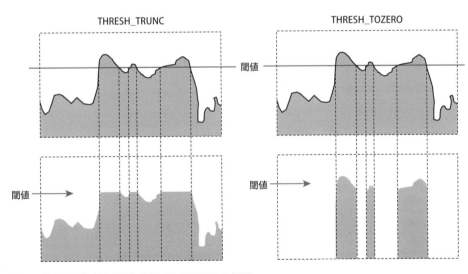

図3.10 ● THRESH_TRUNCとTHRESH_TOZEROの処理

閾値処理タイプに THRESH_TOZERO_INV を指定したときの処理方法を図で示します。

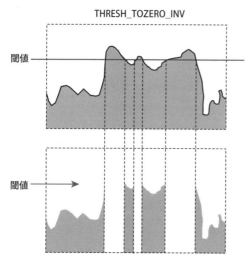

図3.11●THRESH_TOZERO_INVの処理

3.4
色の分離

動画の色成分を分離して表示するプログラムを紹介します。入力動画をリアルタイムに赤、緑、青の色成分に分離し、それぞれ別のウィンドウに動画を表示します。

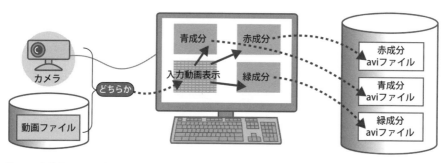

図3.12●動作イメージ

以降に、ソースリストを示します。

リスト 3.4 ● ¥03color¥Sources¥splitRgb.cpp

```cpp
#include "../../Common.h"

VideoWriter getvWriter(const string fname, const VideoCapture capture)
{
    Size vSize = Size(
        static_cast<int>(capture.get(CAP_PROP_FRAME_WIDTH)),
        static_cast<int>(capture.get(CAP_PROP_FRAME_HEIGHT)));

    double fps = capture.get(CAP_PROP_FPS);
    fps = fps > 0.0 ? fps : 30.0;
    VideoWriter save = VideoWriter(fname, CV_FOURCC_DEFAULT, fps, vSize);
    if (!save.isOpened())
        throw "VideoWriter failed to open!";

    return save;
}

int main(int argc, char* argv[])
{
    try
    {
        string input = "camera", output[3];
        string oTtl[] = { "Blue","Green","Red" };
        VideoCapture capture;
        VideoWriter save[3];
        Mat src, dst[3];
        int wait = 1;

        if (argc > 1)
            input = argv[1];

        if (input.compare("camera") == 0)
            capture = VideoCapture(0);
        else
        {
            capture = VideoCapture(input);
            wait = 33;
        }
        if (!capture.isOpened())
            throw "input not found!";
```

```cpp
    for (int i = 0; i < 3; i++)         // 画像領域確保・ウィンドウ表示
    {
        namedWindow(oTtl[i]);

        if (argc > 2)                   // 引数の数をチェック
        {
            output[i] = argv[2] + oTtl[i] + ".avi";
            save[i] = getvWriter(output[i], capture);
        }
    }

    vector<Mat> planes;                 // for R, G, B
    namedWindow(input);

    while (true)
    {
        capture >> src;
        if (src.empty()) break;

        imshow(input, src);

        split(src, planes);

        Mat mZero = Mat::zeros(src.size(), CV_8UC1);
        vector<Mat> mBlu, mGrn, mRed;

        mBlu.push_back(planes[0]);
        mBlu.push_back(mZero);
        mBlu.push_back(mZero);
        merge(mBlu, dst[0]);

        mGrn.push_back(mZero);
        mGrn.push_back(planes[1]);
        mGrn.push_back(mZero);
        merge(mGrn, dst[1]);

        mRed.push_back(mZero);
        mRed.push_back(mZero);
        mRed.push_back(planes[2]);
        merge(mRed, dst[2]);

        for (int i = 0; i < 3; i++)
        {
```

```
                    imshow(oTtl[i], dst[i]);

                    if (save[i].isOpened())
                        save[i] << dst[i];
                }
                if (waitKey(wait) >= 0) break;
        }
        destroyAllWindows();
    }
    catch (const char* str)
    {
        cerr << str << endl;
    }
    return 0;
}
```

このプログラムは、動画をRGBの各成分に分離してそれぞれ別のウィンドウへ表示し、また入力動画も別に表示します。これら四つのウィンドウを表示するための各種宣言を整理するために、関係するオブジェクトを配列で管理します。なお、このプログラムは、これまでのプログラムと同様にコマンドラインに適当な引数を指定することで、それぞれの成分を動画ファイルとして保存することができます。このプログラムの引数を以降に示します。

---

splitRgb　［動画ファイル名 ｜ camera］　［prifix］

第1引数　　動画ファイル名、もしくは「camera」
第2引数　　保存ファイル名のプリフィックス。例えば、「pri」と指定すると、priBlue.avi、priGreen.avi、そしてpriRed.aviが作られます。

変換後のウィンドウが三つ必要で、さらに二番目の引数が指定された場合、三つのVideoWriterオブジェクトが必要です。このため、これまでと違いオブジェクトや変数が配列になっています。VideoWriterオブジェクトの生成は、既に解説したgetvWriter関数を使用します。

前準備が終わったらwhileループに入ります。動画を1フレーム読み込んだ後、cv::splitでvector<Mat>であるplanesに格納します。これを、同様にvector<Mat>

である mBlu、mGrn、そして mRed へ push_back して青、緑、赤成分の Mat オブジェクトを作成します。このとき内容が 0 の Mat が必要ですが、Mat::zeros で作成します。つまり、赤成分は赤、緑成分は緑、青成分は青で表示します。これによって、入力動画で赤成分が強い部分は、赤成分を表示するウィンドウでも赤が強く表示されます。ほかの 2 成分についても同様です。

　第 2 引数のプリフィックスが指定されている場合、先に説明した命名方法で作成したファイルに、それぞれ動画が保存されます。若干、文章では説明しきれませんので、ソースコードを見ながら説明を読んだ方が分かりやすいでしょう。

　以降に、実行例を示します。入力動画に続き、赤成分、緑成分、そして青成分の動画を示します。

図3.13●実行例

RGBをグレイスケールで表示

先のプログラムは、入力動画のRGB各成分をそれぞれ赤、緑、青で表示しました。このように色を変更すると、色とウィンドウの関係が一目で分かりますが、人間の目は赤、緑、青に対しリニアに反応しないので、各成分の強さを正確に観察するのには不適切です。

次に示すプログラムは、入力動画のRGB成分をそれぞれグレイスケールで表示します。これによって、各成分の強さを正確に観察することができます。

以降に、ソースリストの一部を示します。

リスト 3.5 ● ¥03color¥Sources¥splitRgbGray.cpp (一部)

```cpp
    while (true)
    {
        capture >> src;
        if (src.empty()) break;

        imshow(input, src);

        split(src, planes);

        for (int i = 0; i < 3; i++)
        {
            cvtColor(planes[i], dst[i], COLOR_GRAY2RGB);
            imshow(oTtl[i], dst[i]);

            if (save[i].isOpened())
                save[i] << dst[i];
        }
        if (waitKey(wait) >= 0) break;
    }
```

入力動画を赤、緑、青へ分離し、異なるウィンドウへグレイスケール化した動画を表示します。先ほどのプログラムは`cv::merge`で画像を作っていましたが、本プログラムは分離した色成分を、`cv::cvtColor`でRGB形式のグレイスケール画像に変更して表示します。ほかの部分は、先のプログラムと同じです。こちらの方が、赤、緑、青の各色の成分の強さが分かりやすいです。ウィンドウと色の対応は付きにくくなりますが、それはタイトルバーで確認して

ください。

図3.14●実行例

関数の説明

cv::merge

複数のシングルチャンネル配列からマルチチャンネル配列を作成します。

形式

void cv::merge(const vector<Mat>& mv, Mat& dst)

引数

mv   結合されるシングルチャンネル行列の入力配列、または入力ベクトルです。mv のすべての行列は、同じサイズで同じ型でなければいけません。

dst   mv[0] と同じサイズと同じ、同じ深さの出力配列です。チャンネルの数は、マトリクスアレイ内のチャンネルの総数になります。

説明

　複数のシングルチャンネル配列を結合させて、一つのマルチチャンネル配列を作成します。split 関数は、この逆の処理を行います。複数のマルチチャンネル画像を結合したり、別の高度な方法でチャンネルを入れ替える必要がある場合は、mixChannels 関数を使用してください。

cv::split

マルチチャンネルの配列を、複数のシングルチャンネルに分割します。

形式

void cv::split(const Mat& mtx, vector<Mat>& mv)

引数

mtx 　マルチチャンネルの入力配列（画像）です。

mv 　出力配列（画像）です。または、出力配列（画像）のベクトルです。配列の数は入力配列（画像）チャンネル数と一致しなければいけません。この配列自身は、必要なら再割り当てされます。

説明

　マルチチャンネルの配列（画像）を、別々のシングルチャンネルの配列（画像）に分離します。シングルチャンネルの抽出、またはより洗練されたチャンネルの入れ替えが必要なら、mixChannels を利用してください。

3.5 ヒストグラムをリアルタイム表示

動画のヒストグラムをリアルタイムに表示するプログラムを紹介します。以降に、ソースリストを示します。

リスト 3.6 ● ¥03color¥Sources¥dispHist.cpp

```cpp
#include "../../Common.h"

int main(int argc, char* argv[])
{
    try
    {
        string input = "camera", output = "histgram";
        Mat src, gray;

        VideoCapture capture(0);
        if (!capture.isOpened())
            throw "camera not found!";

        // Mat for to draw histogram
        Mat hMat(Size(256, 100), CV_8UC1, Scalar(255));

        Mat hist;
        const int dims[] = { 256 };            // size of histogram of each bin
        const float ranges[] = { 0, 256 };     // range of histogram value
        const float* pRanges[] = { ranges };   // min, max of each bin
        const Scalar color = Scalar::all(100); // color of histogram lines

        namedWindow(input);
        namedWindow(output);

        while (true)
        {
            capture >> src;
            if (src.empty()) break;

            cvtColor(src, gray, COLOR_RGB2GRAY);
            calcHist(&gray, 1, 0, Mat(), hist, 1, dims, pRanges);
```

```
                normalize(hist, hist, 0.0, (float)hMat.rows, NORM_MINMAX);

                // draw histogram
                hMat = 255;
                for (int i = 0; i < dims[0]; ++i)
                {
                    line(hMat, Point(i, hMat.rows),
                        Point(i, hMat.rows - static_cast<int>(hist.at<float>(i))),
                        color);
                }

                imshow(input, src);
                imshow(output, hMat);

                if (waitKey(1) >= 0) break;
            }
            destroyAllWindows();
        }
        catch (const char* str)
        {
            cerr << str << endl;
        }
        return 0;
    }
```

　このプログラムは、カメラから取り出した動画を表示するとともに、そのヒストグラムもリアルタイムに表示します。ヒストグラムの表示処理は、OpenCV が提供する機能を使用して行います。

　まず、ヒストグラムを表示する Mat オブジェクト hMat を生成します。この Mat オブジェクトは、幅は 256（輝度は 0 〜 255 のため）ですが、高さは任意です。ここでは高さに 100 を指定します。

　while ループに入る前に、dims[]、ranges、そして pRanges を初期化しますが、これらは calcHist 関数で使用されます。

　ループに入ったら、入力動画を 1 フレーム取得し、それを cvtColor 関数でグレイスケールに変換します。そして、calcHist 関数でヒストグラムを hist へ求めます。calcHist 関数は多次元のヒストグラムを求めることができる汎用的な関数です。このため引数が若干複雑です。ヒストグラム範囲が 0 〜 255 であっても、ヒストグラムのサイズが 256 とはかぎりません。例えば、128 などを指定すると、二つのヒストグラムを一つの値で示すことが可能です。

ただ、一般的には 256 を指定します。ほかの引数も、多次元に対応するため、与える引数が配列になっているのも分かりにくいでしょう。以降に、一次元のヒストグラムを得る場合の、典型的な設定値を示します。

```
int dims[] = { 256 };
float ranges[] = { 0, 256 };
float* pRanges[] = { ranges };

calcHist(&gray, 1, 0, Mat(), hist, 1, dims, pRanges);
```

一次元の場合、配列で指定する必要はないですが、OpenCV のサンプルなどは { } を使用して、各引数に配列を指定していますので、それに倣います。確かに、複数のヒストグラムを得るように拡張することを考えると配列で指定すると良いでしょう。ただ、一つのヒストグラムを得る場合は、単純にスカラーを与えても構いません。calcHist 関数の最初の引数は、ヒストグラムを得る対象の画像（配列）です。

calcHist 関数で hist にヒストグラムが得られます。この値を使ってヒストグラムを描きますが、このままでは使えないため、ヒストグラムを描く Mat オブジェクトの高さ（rows）へ正規化します。normalize 関数を使用し、hist が保持している値を、0.0 〜 hMat.rows へ正規化します。

準備ができましたので、line 関数でヒストグラムを描きます。まず、hMat へ 255 を代入し、背景を白に設定します。次に for ループで各輝度の数を線で示します。

何かキーが押されたら、destroyAllWindows 関数を使ってウィンドウを破棄します。その後、これまでと同様な後処理を行い、プログラムを終了させます。

以降に、実行例を示します。カメラの向きを変えると、ヒストグラムの表示も変化します。

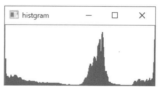

図3.15 ● 実行例

関数の説明

cv::calcHist

複数の画像(行列)に対するヒストグラムを求めます。

形式

```
void cv::calcHist( const Mat* images, int nimages, const int* channels,
                   InputArray mask, SparseMat& hist, int dims,
                   const int* histSize, const float** ranges,
                   bool uniform=true, bool accumulate=false )
```

引数

images　　　　　入力画像(行列)です。各画像(行列)は、すべて同じビット深度で CV_8U または CV_32F、そして同じサイズです。各画像(行列)は、そ

	れぞれは任意のチャンネル数で構いません。
nimages	入力画像（行列）の数です。
channels	ヒストグラムを求めるために利用するチャンネルの次元数リストです。1番目の配列のチャンネルは、0～arrays[0].channels()−1まで、2番目のチャンネルは、arrays[0].channels()～arrays[0].channels()+arrays[1].channels()−1までです。以降も同様です。
mask	オプションのマスクです。この行列が空ではない場合、8ビットの配列でarrays[i]と同じサイズでなければなりません。0以外の要素がヒストグラムの対象となります。
hist	出力されるヒストグラムです。
dims	ヒストグラムの次元数です。正の値で、CV_MAX_DIMSを超えてはなりません。
histSize	各次元の、ヒストグラムサイズの配列です。
ranges	各次元におけるヒストグラムのビンの境界を表すdims個の配列の配列です。少々、複雑ですので、詳細については、OpenCVのドキュメントを参照してください。
uniform	ヒストグラムが一様か、そうでないかを示します。
accumulate	累積フラグです。これが設定されると、最初にヒストグラムのクリアが行われません。これによって複数の画像（行列）集合に対する一つのヒストグラムができます。また、各画像（行列）のヒストグラムを求めることができます。

説明

複数の画像（行列）に対するヒストグラムを求めます。ヒストグラムのビンの値を増加させるタプル要素は、対応する（複数の）入力画像（行列）の同じ位置から取り出されます。

cv::line

2点を結ぶ線分を描画する関数です。

形式

```
void cv::line( InputOutputArray img, Point pt1, Point pt2,
               const Scalar& color, int thickness=1,
               int lineType=LINE_8, int shift=0 )
```

引数

img	線を描く対象画像（配列）です。
pt1	線分の1番目の端点です。
pt2	線分の2番目の端点です。
color	線の色です。
thickness	線の太さです。
lineType	線の枠線の種類です、詳細はOpenCVの仕様書を参照してください。
shift	座標の小数点以下の桁を表すビット数です。

説明

与えられた引数に従って線を描きます。

第4章

リアルタイムフィルタ処理

4.1 median フィルタ

　単純な動画フィルタプログラムを紹介します。本プログラムは、リアルタイムに、入力動画へメディアンフィルタ処理を行います。通常、メディアンフィルタはノイズ除去に用いられます。動画に適用すると、瞬間的なノイズを除去できるでしょう。本章のプログラムも、変換結果を動画ファイルとして保存できます。

　以降に、ソースリストを示します。

リスト 4.1 ● ¥04filter¥Sources¥median.cpp

```cpp
#include "../../Common.h"

VideoWriter getvWriter(const string fname, const VideoCapture capture)
{
    Size vSize = Size(
        static_cast<int>(capture.get(CAP_PROP_FRAME_WIDTH)),
        static_cast<int>(capture.get(CAP_PROP_FRAME_HEIGHT)));

    double fps = capture.get(CAP_PROP_FPS);
    fps = fps > 0.0 ? fps : 30.0;
    VideoWriter save = VideoWriter(fname, CV_FOURCC_DEFAULT, fps, vSize);
    if (!save.isOpened())
        throw "VideoWriter failed to open!";

    return save;
}

int main(int argc, char* argv[])
{
    try
    {
        string input = "camera", output = "output";
        VideoCapture capture;
        VideoWriter save;
        Mat src, dst;
        int wait = 1;

        if (argc > 1)                  // input
            input = argv[1];
```

```cpp
        if (argc > 2)              // output
            output = argv[2];

        if (input.compare("camera") == 0)
            capture = VideoCapture(0);
        else
        {
            capture = VideoCapture(input);
            wait = 33;
        }
        if (!capture.isOpened())
            throw "input not found!";

        if (argc > 2)
            save = getvWriter(output, capture);

        namedWindow(input);
        namedWindow(output);

        while (true)
        {
            capture >> src;
            if (src.empty()) break;

            medianBlur(src, dst, 5);

            imshow(input, src);
            imshow(output, dst);

            if (save.isOpened())
                save << dst;

            if (waitKey(wait) >= 0) break;
        }
        destroyAllWindows();
    }
    catch (const char* str)
    {
        cerr << str << endl;
    }
    return 0;
}
```

第4章　リアルタイムフィルタ処理

　このプログラムは、カメラまたはファイルから取り出した動画を、1フレームずつメディアンフィルタ処理します。メディアンフィルタは、ノイズ除去に用いられますが、平滑化フィルタなどに比べて原画像の高周波成分が失われにくいため、より高品質な処理画像を得ることができます。

　ここではフィルタ処理部分についてのみ説明します。それ以外の部分はこれまでとほぼ同じです。メディアンフィルタ処理は、medianBlur関数を使用します。この関数の第3引数でフィルタ処理の画素範囲を指定します。メディアンフィルタ処理では、正方形の中央値を採用するため、この引数は奇数でなければなりません。

　実行例をいくつか示します。左側が入力動画、右側が処理後の動画です。

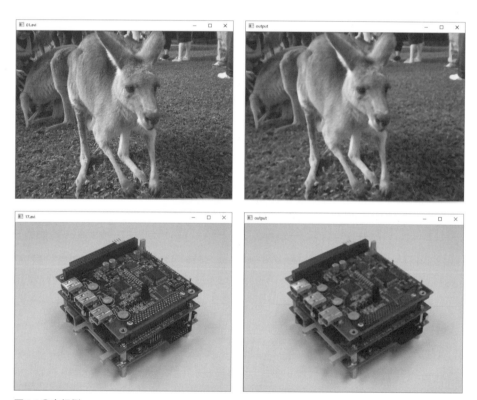

図4.1●実行例

　故意に、動画にノイズを乗せ、本プログラムで処理した例を示します。medianBlur関数の引数にピクセル数を比較的広く指定したため、多少フォーカスが甘くなっていますが、ノイ

ズは綺麗に除去できています。左側が入力フレーム、右側が処理後のフレームです。

図4.2●ノイズ除去の例

　紙面では分かりにくいでしょうが、綺麗にノイズが除去できています。テスト用の動画ファイルは、本書で紹介したプログラムを使用し、ノイズの乗っていない動画から、ノイズの乗った動画を生成しました。後述するプログラムを使用する必要がありますが、いったん、動画をフレーム単位の画像ファイルに分解します。その後、あるフレームにペイントツールなどを利用して、ノイズを乗せます。それを本書で紹介したプログラムで動画ファイルへ変換します。これによって、指定したフレームにノイズが乗った動画ができあがります。この動画を、この節で紹介したプログラムの入力動画とします。
　このプログラムでは、メディアンフィルタの画素サイズに5を指定しましたが、3にすると、ノイズ除去の能力が低下する代わりに、もう少し高周波成分が忠実に再現されるでしょう。

関数の説明

cv::medianBlur

メディアンフィルタを用いて画像の平滑化を行います．

形式

```
void cv::medianBlur( InputArray src, OutputArray dst, int ksize )
void cv::medianBlur( const Mat& src, Mat&          dst, int ksize )
```

引数

src　　　1、3 あるいは 4 チャンネルの入力画像です。ksize が 3 または 5 なら、この画像のビット深度は CV_8U、CV_16U または CV_32F です。それ以上のアパーチャサイズの場合は CV_8U だけが可能です。

dst　　　src と同じサイズで同じ型の出力画像です。

ksize　　アパーチャサイズです。1 より大きな奇数でなければなりません。例えば 3、5、7 などです。

説明

　アパーチャサイズが ksize × ksize のメディアンフィルタを用いて画像の平滑化を行います。マルチチャンネルの場合、各チャンネルは個別に処理されます。また、インプレースモードがサポートされています。

4.2 sobel フィルタ

　先ほどと同じような動画フィルタプログラムを紹介します。本プログラムは、リアルタイムに入力動画へ Sobel フィルタ処理を行います。Sobel フィルタはエッジ検出フィルタの一種です。以降に、ソースリストの一部を示します。

リスト 4.2 ● ¥04filter¥Sources¥median.cpp（一部）

```
    ：
    while (true)
    {
        ：
        Sobel(src, dst, -1, 0, 1);
        ：
    }
    ：
```

このプログラムは、動画から1フレームずつ取り出してSobelフィルタ処理を行います。Sobelフィルタは、ラプラシアンフィルタなどと異なったオペレータを使用してエッジ検出を行います。先のプログラムと異なるのは、medianBlur関数をSobel関数へ変更するだけです。Sobel関数の引数については、後述する関数の説明を参照してください。

実行例をいくつか示します。左側が入力動画、右側が処理後の動画です。

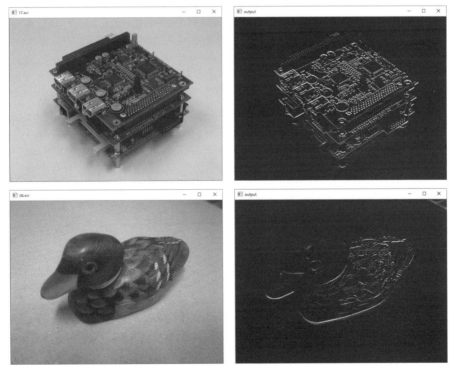

図4.3●実行例

関数の説明

cv::Sobel

拡張 Sobel 演算子を用いて微分画像を計算します。

形式

```
void cv::Sobel( InputArray src, OutputArray dst, int ddepth,
                int dx, int dy, int ksize=3, double scale=1,
                double delta=0, int borderType=BORDER_DEFAULT )
void cv::Sobel( const Mat& src, Mat& dst, int ddepth, int dx,
                int dy, int ksize=3, double scale=1,
                double delta=0, int borderType=BORDER_DEFAULT )
```

引数

src	入力画像（行列）です。
dst	出力画像（行列）です。src と同じサイズ、同じチャンネル数です。
ddepth	出力画像のビット深度です。
dx	x 方向の微分次数です。
dy	y 方向の微分次数です。
ksize	拡張 Sobel カーネルのサイズです。必ず 1、3、5、7 のいずれかです。
scale	微分値を計算する際の、オプションのスケールファクタです。
delta	dst に格納する前に、結果に足されるオプション値です。
borderType	ピクセル外挿タイプです。どのような外挿法があるかは OpenCV の仕様（`cv::BorderTypes`）を参照してください。

説明

通常の Sobel フィルタはアパーチャサイズに 3 × 3 を採用します。本関数も引数にアパーチャサイズは存在しません。Sobel 演算子はガウシアンによる平滑化と、微分の重ね合わせ処理です。このため、ノイズに対してある程度頑健です。

4.3 ラプラシアンフィルタ

　ここでは、入力動画に対してリアルタイムにラプラシアンフィルタ処理を行うプログラムを紹介します。ラプラシアンフィルタはエッジ検出フィルタの一種です。処理の流れはリスト4.1やリスト4.2のプログラムとほぼ同じで、リスト4.2の

```
Sobel(src, dst, -1, 0, 1);
```

を

```
cvtColor(src, src, COLOR_RGB2GRAY);
Laplacian(src, dst, 0);
```

へ変更するのみです。

　このプログラムは、動画を1フレームずつ取り出し、ラプラシアンフィルタ処理を行います。前節のcv::Sobel関数呼び出しを、cv::cvtColor関数とcv::Laplacian関数へ変更します。Sobel関数とLaplacian関数は、両方ともエッジ検出フィルタの一種です。cv::Laplacian関数のオペレータについては、関数の説明を参照してください。

　実行例をいくつか示します。左側が入力動画、右側が処理後の動画です。エッジを綺麗に検出しています。

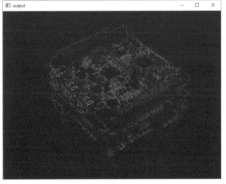

図4.4●実行例

関数の説明

cv::Laplacian

Laplacianオペレータを、画像に適用します。

形式

```
void cv::Laplacian( InputArray src, OutputArray dst, int ddepth,
                    int ksize=1, double scale=1, double delta=0,
                    int borderType=BORDER_DEFAULT )
void cv::Laplacian( const Mat& src, Mat& dst, int ddepth, int ksize=1,
                    double scale=1, double delta=0,
                    int borderType=BORDER_DEFAULT )
```

引数

src	入力画像（行列）です。
dst	出力画像（行列）です。入力画像（行列）と同じサイズで同じ型です。
ddepth	出力画像のビット深度です。
ksize	2次微分フィルタを計算する際に利用されるアパーチャサイズです。これは、正の奇数です。
scale	Laplacian値を求めるための、オプションのスケールファクタです。
borderType	ピクセル外挿タイプです。どのような外挿法があるかはOpenCVの仕様（cv::BorderTypes）を参照してください。

説明

　この関数は、以下のように Sobel 演算子を用いて計算された x と y の 2 次微分を加算することで、入力画像のラプラシアン（Laplacian）を計算します。ksize==1 を指定した場合、以下のカーネルを用いた入力画像との畳み込みと同じ処理を、高速に行います。

$$\begin{vmatrix} 0 & 1 & 0 \\ 1 & -4 & 1 \\ 0 & 1 & 0 \end{vmatrix}$$

4.4 Canny フィルタ

　ここでは、入力動画に対してリアルタイムに Canny フィルタ処理を行うプログラムを紹介します。Canny フィルタもエッジ検出フィルタの一種です。処理の流れはリスト 4.2 のプログラムとほぼ同じです。以前の

```
Sobel(src, dst, -1, 0, 1);
```

を

```
cvtColor(src, src, COLOR_RGB2GRAY);
Canny(src, dst, 40.0, 200.0);
```

へ変更するのみです。

　カメラまたは動画ファイルから取り出したフレームに、Canny フィルタ処理を実施します。Canny 関数へ与える入力画像は 8 ビットシングルチャンネルでなければなりません。このため、フィルタ処理を行う前に、入力画像をグレイスケールに変換します。cv::Canny に与える二つの閾値で、エッジを検出します。引数については、後述する関数の説明を参照してください。

実行例を示します。左側が入力動画、右側が処理後の動画です。

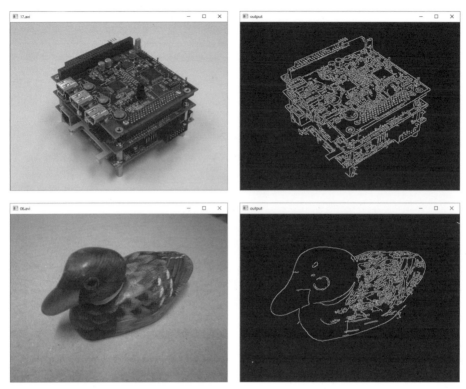

図4.5 ● 実行例

関数の説明

cv::Canny

エッジ検出のためのCannyアルゴリズムを実行します。

形式

```
void cv::Canny( InputArray image, OutputArray edges,
                double threshold1, double threshold2,
                int apertureSize=3, bool L2gradient=false )
```

引数

image	入力画像（行列）です。8ビットシングルチャンネルでなければなりません。
edges	出力画像（行列）です。入力画像（行列）と同じサイズで同じチャンネル数です。
threshold1	1番目の閾値です。
threshold2	2番目の閾値です。
apertureSize	アパーチャサイズです。
L2gradient	画像勾配の強度を求めるために、より精度の高い L_2 ノルム $= \sqrt{((dI/dx)^2 + (dI/dy)^2)}$ を利用するか（true）、L_1 ノルム $= |dI/dx| + |dI/dy|$ で十分（false）かを指定します。

説明

引数 threshold1 と threshold2 は、小さいほうがエッジ同士を接続するために用いられ、大きいほうが強いエッジの初期検出に用いられます。

4.5 膨張フィルタ

ここでは、入力動画に対してリアルタイムに膨張フィルタを行うプログラムを紹介します。膨張フィルタは画素の欠損した部分を補う場合などに利用します。後述する画像収縮と併せて使用するとノイズ除去にも応用できます。処理の流れはリスト4.2のプログラムとほぼ同じです。以前の

```
Sobel(src, dst, -1, 0, 1);
```

を

```
dilate(src, dst, Mat());
```

へ変更するのみです。

カメラまたは動画ファイルから取り出したフレームに、膨張フィルタ処理を実施します。dilate関数を使用し画像の膨張処理を行います。dilate関数は、指定したカーネル内から

一番輝度の高い画素を選びます。cv::dilate の機能や引数については、後述する関数の説明を参照してください。

実行例を示します。左側が入力動画、右側が処理後の動画です。

図4.6●実行例

関数の説明

cv::dilate

画像の膨張処理を行います。

形式

```
void cv::dilate( InputArray src, OutputArray dst, InputArray kernel,
                 Point anchor=Point(-1,-1), int iterations=1,
                 int borderType=BORDER_CONSTANT,
                 const Scalar& borderValue=morphologyDefaultBorderValue() )
```

引数

src	入力配列（画像）です。チャンネル数はいくつでも構わず、それぞれは独立して処理されます。ただし、depth は CV_8U、CV_16U、CV_16S、CV_32F、CV_64F でなければなりません。
dst	出力配列（画像）です。入力配列（画像）と同じサイズで同じ型です。
kernel	膨張に用いられる構造要素です。Mat() を指定した場合、3 × 3 の矩形構造要素が用いられます。
anchor	アンカーポイントです。デフォルト値は Point(-1, -1) で、アンカーがカーネル中心にあることを意味します。
iterations	膨張が行われる回数です。
borderType	ピクセル外挿タイプです。どのような外挿法があるかは OpenCV の仕様（cv::BorderTypes）を参照してください。
borderValue	ボーダーに使用される値です。

説明

指定した近傍領域から最大値を取り出し、画像の膨張処理を行います。インプレースモードをサポートしていますので、入力出力に同じ Mat を指定できます。マルチチャンネル画像の場合、各チャンネルは独立して処理されます。

4.6 収縮フィルタ

　ここでは、入力動画に対してリアルタイムに収縮フィルタを行うプログラムを紹介します。収縮フィルタは画素の細かなゴミを除去するなど、先の膨張処理と組み合わせ、交互に実行することによってノイズ除去などにも応用できます。処理の流れはリスト 4.2 のプログラムとほぼ同じです。以前の

```
Sobel(src, dst, -1, 0, 1);
```

を

```
erode(src, dst, Mat());
```

へ変更するのみです。

　カメラまたは動画ファイルから取り出したフレームに、収縮フィルタ処理を実施します。erode 関数を使用し画像の収縮処理を行います。erode 関数は指定したカーネル内から、最も輝度の低い画素を選びます。cv::erode 関数の機能や引数については、後述する関数の説明を参照してください。

　実行例を示します。左側が入力動画、右側が処理後の動画です。

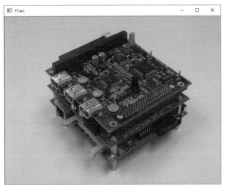 

図4.7●実行例

関数の説明

cv::erode

画像の収縮処理を行います。

形式

```
void cv::erode( InputArray src, OutputArray dst, InputArray kernel,
                Point anchor=Point(-1,-1), int iterations=1,
                int borderType=BORDER_CONSTANT,
                const Scalar& borderValue=morphologyDefaultBorderValue() )
```

引数

src	入力配列（画像）です。チャンネル数はいくつでも構わず、それぞれは独立して処理されます。ただし、depth は CV_8U、CV_16U、CV_16S、CV_32F、CV_64F でなければなりません。
dst	出力配列（画像）です。入力配列（画像）と同じサイズで同じ型です。
kernel	膨張に用いられる構造要素です。Mat() を指定した場合、3 × 3 の矩形構造要素が用いられます。
anchor	アンカーポイントです。デフォルト値は Point(-1, -1) で、アンカーがカーネル中心にあることを意味します。
iterations	収縮が行われる回数です。
borderType	ピクセル外挿タイプです。どのような外挿法があるかは OpenCV の仕様

（cv::BorderTypes）を参照してください。
borderValue　ボーダーに使用される値です。

> **説明**

指定した近傍領域から最小値を取り出し、画像の収縮処理を行います。インプレースモードをサポートしていますので、入力出力に同じ Mat を指定できます。マルチチャンネル画像の場合、各チャンネルは独立して処理されます。

4.7
画像の色反転

ここでは、入力動画に対してリアルタイムに色を反転するプログラム行うプログラムを紹介します。処理の流れはリスト 4.2 のプログラムとほぼ同じです。以前の

```
Sobel(src, dst, -1, 0, 1);
```

を

```
bitwise_not(src, dst);
```

へ変更するのみです。

カメラまたは動画ファイルから取り出したフレームを、bitwise_not 関数で画像の色を反転します。bitwise_not 関数ですべてのビットを反転します。

実行例を示します。左側が入力動画、右側が処理後の動画です。

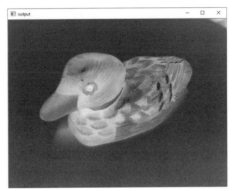

図4.8●実行例

関数の説明

cv::bitwise_not

行列のすべてのビットを反転します。

形式

```
void cv::bitwise_not( InputArray src, OutputArray dst,
                      InputArray mask=noArray() )
```

引数

- src　　入力画像（行列）です。
- dst　　出力画像（行列）です。入力画像（行列）と同じサイズで同じ型です。
- mask　　オプションの処理マスクです。8ビットのシングルチャンネル画像です。

説明

行列のすべてのビットを反転します。以降に処理を式で示します。

dst(I) = !src(I)

入力が多チャンネルの場合、それぞれのチャンネルは独立に処理されます。

第 5 章

情報表示

5.1 カメラ解像度検査

ここでは、接続されているカメラがサポートしている解像度を調べるプログラムを紹介します。ソースリストを次に示します。

リスト 5.1 ● ¥05info¥Sources¥chkSize.cpp

```cpp
#include "../../Common.h"

int main()
{
    try
    {
        vector<Size> camSize{
            Size(160, 120),
            Size(176, 144),
            Size(320, 240),
            Size(352, 288),
            Size(640, 480),
            Size(800, 600),
            Size(1280, 960),
            Size(1280, 1024),
            Size(1600, 1080),
            Size(1600, 1200),
            Size(1920, 1080),
            Size(1920, 1200)
        };
        vector<Size> spptedCamSize;

        VideoCapture capture(0);
        if (!capture.isOpened())
            throw "input not found!";

        cout << "Checking supported resolution .";
        for (auto itr = camSize.cbegin(); itr != camSize.cend(); ++itr)
        {
            cout << ".";

            capture.set(CAP_PROP_FRAME_WIDTH, itr->width);
            capture.set(CAP_PROP_FRAME_HEIGHT, itr->height);
```

```cpp
            Size vSize = Size(static_cast<int>(capture.get(CAP_PROP_FRAME_WIDTH)),
                static_cast<int>(capture.get(CAP_PROP_FRAME_HEIGHT)));

            auto itrsrch = find(spptedCamSize.begin(), spptedCamSize.end(), vSize);

            if (itrsrch == spptedCamSize.end())
                spptedCamSize.emplace_back(vSize);    // add
        }
        cout << "done." << endl;

        for (auto itr = spptedCamSize.cbegin(); itr != spptedCamSize.cend(); ++itr)
            cout << setw(5) << itr->width << " x " << setw(5) << itr->height << endl;
        cout << "This camera supports above resolutions." << endl;
    }
    catch (const char* str)
    {
        cerr << str << endl;
    }
    return 0;
}
```

OpenCVには、カメラの機能を調べる関数がいくつかあります。しかし、カメラの持っているすべての機能を調べるような関数は提供していません。このプログラムは、カメラがサポートする解像度を調べます。すべての解像度を取得できるとはかぎりませんが、通常の利用には十分と思われる機能を提供します。

このプログラムは、captureオブジェクトのsetメソッドで、予想される解像度を設定します。その後、captureオブジェクトのgetメソッドで読み出し、設定された解像度のテーブルを作り上げます。

調査する解像度は、あらかじめテーブルvector<Size>のcamSizeに用意します。調べたい解像度が、このテーブルで十分でない場合、あるいは多すぎる場合はcamSize宣言の要素数を変更してください。vector<Size>のspptedCamSizeにカメラがサポートしている解像度が格納されます。

まず、テーブルcamSizeに設定されている解像度をCAP_PROP_FRAME_WIDTHと、CAP_PROP_FRAME_HEIGHTを引数としたcaptureオブジェクトのsetメソッドを使用して設定します。いったん設定した値を、captureオブジェクトのgetメソッドで読み出します。取得した値がspptedCamSizeに設定されているかfindメソッドで調べます。findメソッド

の返却値が spptedCamSize の end を返したら、spptedCamSize に設定されていないため、emplace_back メソッドで spptedCamSize の最後へ追加します。これは、カメラがサポートしていない解像度を設定したときに、以前の解像度を返してくるための処理です。もし、このチェックを行わないと、サポートしている解像度を表示する際に、同じ解像度を複数回表示してしまいます。すべての解像度のチェックが終わったら、spptedCamSize に登録されたすべての解像度を表示します。

カメラの解像度を調べている様子を次に示します。カメラからの応答が遅いためか、若干の時間を要します。

図5.1●実行例

このカメラは、最低八つの解像度をサポートしています。

```
C:¥temp>chkSize
Checking supported resolution ............done.
  160 x    120
  176 x    144
  320 x    240
  352 x    288
  640 x    480
```

```
    800 x   600
   1280 x   960
   1280 x  1024
This camera supports above resolutions.
```

関数の説明

cv::VideoCapture::set

VideoCapture の各種プロパティを設定します。

形式

`virtual bool cv::VideoCapture::set( int propId, double value )`

引数

propId　　　設定したいプロパティの ID を指定します。例えば、cv::CAP_PROP_FRAME_WIDTH を指定するとフレームの幅が、cv::CAP_PROP_FRAME_HEIGHT を指定するとフレームの高さを設定できます。

以降に、プロパティ ID のいくつかを表で示します。

propId	説明
CAP_PROP_POS_MSEC	ファイル先頭からの位置（ミリ秒単位）です。
CAP_PROP_POS_FRAMES	フレーム単位での位置（ビデオファイルのみ）です。
CAP_PROP_POS_AVI_RATIO	相対的な位置（0 - ファイルの最初、1 - ファイルの最後）です。
CAP_PROP_FRAME_WIDTH	ビデオストリーム中のフレームの幅（カメラのみ）です。
CAP_PROP_FRAME_HEIGHT	ビデオストリーム中のフレームの高さ（カメラのみ）です。
CAP_PROP_FPS	フレームレート（カメラのみ）です。
CAP_PROP_FOURCC	コーデックを表す 4 文字です。
CAP_PROP_BRIGHTNESS	画像の明るさ（カメラのみ）です。
CAP_PROP_CONTRAST	画像のコントラスト（カメラのみ）です。
CAP_PROP_SATURATION	画像の彩度（カメラのみ）です。
CAP_PROP_HUE	画像の色相（カメラのみ）です。

| value | 設定するプロパティの値です。 |

説明

VideoCapture が指定したプロパティをサポートしている場合、true を返します。ただし、true が返ったからといって、指定したプロパティ値が設定されたことを保証するものではありません。

5.2 カメラ解像度変更

前節のプログラムは、カメラのサポートしている解像度を表示するだけでした。ここでは、カメラを指定の解像度へ変更するプログラムを紹介します。以降に、ソースリストを示します。

リスト 5.2 ● ¥05info¥Sources¥chgSize.cpp」

```cpp
#include "../../Common.h"

int main()
{
    try
    {
        vector<Size> camSize{
            Size(160, 120),
            Size(176, 144),
            Size(320, 240),
            Size(352, 288),
            Size(640, 480),
            Size(800, 600),
            Size(1280, 960),
            Size(1280, 1024),
            Size(1920, 1080),
            Size(1920, 1200)
        };
        string input = "camera";

        VideoCapture capture(0);
```

```cpp
        if (!capture.isOpened())
            throw "camera not found!";

        cout << "動画画面で以下のコマンドを入力してください." << endl;
        int i = 0;
        for (auto itr = camSize.cbegin(); itr != camSize.cend(); ++itr)
            cout << setw(3) << i++ << ":" << setw(3)
                << itr->width << " x " << setw(5) << itr->height << endl;
        cout << "  q: 終了." << endl;

        Mat src;
        namedWindow(input);

        while (1)
        {
            capture >> src;
            if (src.empty()) break;

            imshow(input, src);

            int c = cvWaitKey(1);
            if (c < 0)
                continue;
            if (c >= '0' && c <= '9')
            {
                int i = c - '0';
                Size newRes = camSize.at(i);

                capture.set(CAP_PROP_FRAME_WIDTH, newRes.width);
                capture.set(CAP_PROP_FRAME_HEIGHT, newRes.height);

                int width = static_cast<int>(capture.get(CAP_PROP_FRAME_WIDTH));
                int height = static_cast<int>(capture.get(CAP_PROP_FRAME_HEIGHT));
                cout << "current resolution is";
                cout << setw(5) << width << " x " << setw(5) << height << endl;
            }
            if (c == 'q' || c == 'Q')
                break;
        }
        destroyAllWindows();
    }
    catch (const char* str)
    {
        cerr << str << endl;
```

```
    }
    return 0;
}
```

　このプログラムは、カメラの画像を表示している最中に、キーボードから 1 文字入力することで解像度を変更します。プログラムの最初で、コマンドと解像度の対応をコンソールに表示します。キーボード入力と設定する解像度の対応を、表 5.1 に示します。

表5.1 ●キーボード入力と設定する解像度の対応

キーボード入力	解像度
0	160 × 120
1	176 × 144
2	320 × 240
3	352 × 288
4	640 × 480
5	800 × 600
6	1200 × 960
7	1600 × 1200
8	1920 × 1080
9	1920 × 1200
q/Q	プログラム終了

　キーボード入力に従って、VideoCapture オブジェクトの set メソッドで対応する解像度を設定します。ただし、カメラが指定した解像度をサポートしているとはかぎりません。そこで、VideoCapture オブジェクトの set メソッドで解像度を設定した後、VideoCapture オブジェクトの get メソッド関数で設定値を読み出し、その値をコンソールに表示します。プログラムを終了させたい場合は「q」または「Q」キーを押します。なお、キーボード入力は、コンソールウィンドウではなく動画表示ウィンドウに対して行ってください。設定の結果はコンソールウィンドウに表示されますが、入力はコンソールウィンドウに対してはできません。
　実行結果を次に示します。順次、カメラの解像度を変更しています。

図5.2 ●実行例

このカメラは、最低八つの解像度をサポートしているようです。最初の表示と、解像度を変更したときの表示を、以降に示します。

```
C:\temp>chgSize
動画画面で以下のコマンドを入力してください．
  0:160  x   120
  1:176  x   144
  2:320  x   240
  3:352  x   288
  4:640  x   480
  5:800  x   600
  6:1280 x   960
  7:1280 x  1024
  8:1920 x  1080
  9:1920 x  1200
  q: 終了．
current resolution is  160 x  120
current resolution is  176 x  144
current resolution is  320 x  240
current resolution is  352 x  288
current resolution is  640 x  480
current resolution is  800 x  600
current resolution is 1280 x  960

C:\temp>_
```

図5.3 ●終了時のコマンドプロンプトの様子

5.3 動画ファイルの情報表示

動画ファイルの内容を調べるプログラムを紹介します。以降に、ソースリストを示します。

リスト 5.3 ● ¥05info¥Sources¥fileInfo.cpp

```cpp
#include "../../Common.h"

int main(int argc, char* argv[])
{
    try
    {
        if (argc < 2)
            throw "no argument!";

        VideoCapture capture(argv[1]);
        if (!capture.isOpened())
            throw "input not found!";

        Size vSize = Size(
            static_cast<int>(capture.get(CAP_PROP_FRAME_WIDTH)),
            static_cast<int>(capture.get(CAP_PROP_FRAME_HEIGHT)));

        cout << "frame size    : " << vSize.width << " x " << vSize.height << endl;

        int frameRate = static_cast<int>(capture.get(CAP_PROP_FPS));
        cout << "frame rate    : " << frameRate << endl;

        int frameCount = static_cast<int>(capture.get(CAP_PROP_FRAME_COUNT));
        cout << "num. of frames : " << frameCount << endl;

        int encode = static_cast<int>(capture.get(CAP_PROP_FOURCC));
        cout << "encode        : "
            << static_cast<unsigned char>(encode & 0xFF)
            << static_cast<unsigned char>((encode >> 8) & 0xFF)
            << static_cast<unsigned char>((encode >> 16) & 0xFF)
            << static_cast<unsigned char>((encode >> 24) & 0xFF)
            << endl;
    }
    catch (const char* str)
```

```
    {
        cerr << str << endl;
    }
    return 0;
}
```

　VideoCapture オブジェクトの get メソッドで、動画ファイルの各種情報を表示します。表示する内容は、動画の画面サイズ、フレームレート、全フレーム数、そしてエンコード方式です。

　カメラの場合は、ほかにも情報を取得できますので、ほかの情報まで取得するプログラムを開発してみるのもよいでしょう。詳細は、5.1 節「カメラ解像度検査」の関数の説明を参照してください。

　いくつかの動画ファイル情報を表示した様子を次に示します。

```
C:¥>fileInfo dc1.avi
frame size      : 320 x 240
frame rate      : 15
num. of frames  : 519
encode          : MJPG
```

　表示サイズが 320 × 240 ピクセル、フレームレートが 15 fps、総フレーム数が 519、そしてエンコードに MJPG が採用されています。

　次の例を示します。これは、本書のプログラムでキャプチャしたファイルです。

```
C:¥>fileInfo in1.avi
frame size      : 640 x 480
frame rate      : 30
num. of frames  : 1000
encode          : MJPG
```

　表示サイズが 640 × 480 ピクセル、フレームレートが 30 fps、総フレーム数が 1000、そしてエンコードに MJPG が採用されています。

第 5 章 情報表示

　DV カムコーダで撮影した動画を avi 化した、ファイルを調べてみます。

```
C:\>fileInfo 00041.mts
frame size      : 1920 x 1080
frame rate      : 29
num. of frames : 555
encode          : HDMV
```

　サイズが 1920 × 1080 ピクセル、フレームレートが 29 fps、総フレーム数が 555、そしてエンコードに HDMV が採用されています。

第6章

動画ファイル操作

6.1 動画ファイルの一部抽出

動画ファイルの一部を切り出すプログラムを紹介します。コマンドラインの引数として、入力動画ファイルの開始位置のフレーム番号と、抜き出すフレーム数を与えます。

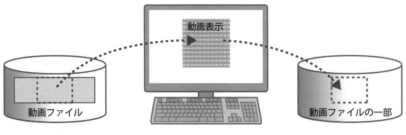

図6.1●動作イメージ

以降に、ソースリストを示します。

リスト 6.1 ● ¥06aviMani¥Sources¥extract.cpp

```cpp
#include "../../Common.h"

// get avi Info.
void getAviInfo(VideoCapture capture, int& width, int& height,
    int& frameRate, int& encode, int& numOfFrames)
{
    width = static_cast<int>(capture.get(CAP_PROP_FRAME_WIDTH));
    height = static_cast<int>(capture.get(CAP_PROP_FRAME_HEIGHT));

    frameRate = static_cast<int>(capture.get(CAP_PROP_FPS));
    numOfFrames = static_cast<int>(capture.get(CAP_PROP_FRAME_COUNT));
    encode = static_cast<int>(capture.get(CAP_PROP_FOURCC));

    cout << "frame size    : " << width << " x " << height << endl;
    cout << "frame rate    : " << frameRate << endl;
    cout << "num. of frames : " << numOfFrames << endl;
}

int main(int argc, char* argv[])
{
```

```cpp
        try
        {
            int current = 0, start, count;
            int width, height, frameRate, encode, numOfFrames;

            if (argc != 5)
                throw "parameter error, see below:\n"
                    "    <input> <output> <start position> <num. of frames>";

            VideoCapture capture(argv[1]);
            if (!capture.isOpened())
                throw "input not found!";

            getAviInfo(capture, width, height, frameRate, encode, numOfFrames);

            start = atoi(argv[3]);

            if (start < 0)
                throw "start position must be larger than 0.";

            if (start >= numOfFrames)
                throw "start position must less than the total frames.";

            count = atoi(argv[4]);
            if (count<1)
                throw "num. of frames must be larger than 1.";

            // Skip to the prescribed position
            Mat src;
            while (current++ < start)
            {
                capture >> src;
                if (src.empty())
                    throw "An error occurred while reading.";
            }

            string inTtl = argv[1], outTtl = argv[2];
            VideoWriter save;
            save = VideoWriter(outTtl, encode, frameRate, Size(width, height));
            if (!save.isOpened())
                throw "VideoWriter failed to open!";

            namedWindow(outTtl);
            while (count-- > 0)
```

```
            {
                capture >> src;
                if (src.empty())
                    throw "EOF reached during processing";

                imshow(outTtl, src);
                save << src;

                if (waitKey(1) >= 0) break;
            }
            destroyAllWindows();
    }
    catch (const char* str)
    {
        cerr << str << endl;
    }
    return 0;
}
```

　このプログラムは、動画ファイルから一部を切り出します。プログラムに与える引数について説明します。

---

extract　入力ファイル名　出力ファイル名　開始フレーム番号　フレーム数

使用例

```
extract  foo.avi  bar.avi  100  200
```

　このコマンドを実行すると、foo.avi の 100 番目のフレーム（先頭は 0）から 200 フレームを bar.avi に切り出します。

　まず、動画ファイルの情報を取得する getAviInfo プロシージャを説明します。このプロシージャは、VideoCapture オブジェクトの get メソッドに CAP_PROP_FRAME_WIDTH、CAP_PROP_FRAME_HEIGHT、CAP_PROP_FPS、そして CAP_PROP_FOURCC を与え、各種情報を取得します。この取得した、動画のサイズ、動画ファイルのフレームレート、エンコード方式、そして総フレーム数を、呼び出し元へ返します。

　main プロシージャの先頭部分はこれまでと同様なので、説明は省略します。getAviInfo

プロシージャを呼び出し、各種データを取得します。返された値とコマンドラインに与えられた引数値に矛盾がないかチェックし、矛盾があればエラーメッセージを表示してプログラムを終了させます。

次に、与えられた開始フレームまで動画ファイルを読み飛ばします。

読み飛ばし

読み飛ばさずに直接フレーム位置を指定する方法もありますが、このプログラムでは原始的な方法を採用しました。ファイル形式によっては、OpenCVのフレーム位置を指定する関数が正常に動作しない場合もあるため、原始的な方法も有用です。

VideoWriter オブジェクトの生成は、入力ファイルの各種情報を引き継ぎます。例えば、フレームレートやエンコードは入力ファイルの属性を引き継ぎます。ここで、少し注意が必要です。ほとんどの場合は、このコードで問題は起きませんが、エンコードの種類によっては入力ファイルのエンコードを VideoWriter オブジェクトがサポートしていない場合があります。なるべく、出力ファイルを入力ファイルと同様にしたかったため、このような方式を採用します。ただ、エラーが発生する場合は、エンコードを入力ファイルから取得したものを使用せず、CV_FOURCC_DEFAULT を使うのも良いでしょう。

エンコード

エンコードを入力ファイルから引き継ぐのは良い考えでしょう。しかし、使用中のパソコンが入力ファイルのエンコードでファイルを書き込めない場合があります。そのような場合は、CV_FOURCC_DEFAULT を使うと良いでしょう。

VideoWriter オブジェクトの生成が成功したら、指定されたフレーム分だけ入力ファイルから出力ファイルへ抜き出します。指定した範囲が入力ファイルのサイズを超えていた場合は、ファイルの最後までが抜き出されます。

引数のチェック方法について、少し細かく説明します。まず、通常の例を示します。

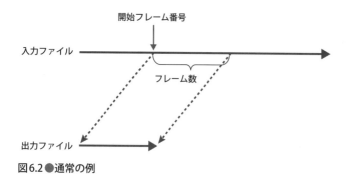

図6.2●通常の例

開始フレーム番号は 0 以上でなければなりません。

図6.3●開始フレーム番号にマイナス値は指定できない

開始フレーム番号が入力ファイルの保持する総フレーム数を超えている場合も、エラーです。なお、開始フレーム番号と総フレーム数は値が 1 ずれるので、比較の際に気を付けてください。

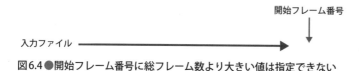

図6.4●開始フレーム番号に総フレーム数より大きい値は指定できない

取り出すフレーム数は 1 以上でなければなりません。

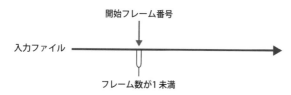

図6.5●取り出すフレーム数に 1 未満の値は指定できない

開始フレーム番号とフレーム数の関係で、取り出せるフレーム数が指定した値より少なくなる場合があります。このような場合は、入力ファイルが EOF に達した時点で打ち切られ、出

力ファイルはその時点までの大きさに調整されます。事前チェックは行いません。

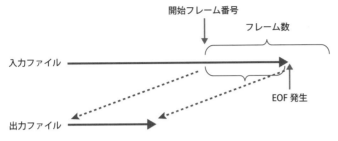

図6.6●終了位置がファイルより大きい場合は打ち切る

　実行例をいくつか示します。まず、引数を指定しなかった場合を示します。

```
C:\temp>extract
parameter error, see below:
   <input> <output> <start position> <num. of frames>
```

　引数が正常でない場合は、使用法のメッセージが表示されます。次に示すのは、car01.avi の10 フレーム目から 20 フレームを取り出し、out.avi を生成する例です。

```
C:\temp>extract car01.avi out.avi 10 20
frame size     : 640 x 480
frame rate     : 15
num. of frames : 105
```

　入力ファイルの総フレーム数より大きい値を、開始フレームに指定した例を示します。

```
C:\temp>extract car01.avi out.avi 110 10
frame size     : 640 x 480
frame rate     : 15
num. of frames : 105
start position must less than the total frames.
```

　取り出すべきフレームが存在しない場合、プログラムはエラーメッセージを表示して終了します。

指定されたフレームを取り出している最中に、入力ファイルの終端に達する例を示します。

```
C:¥temp>extract car01.avi out.avi 100 10
frame size     : 640 x 480
frame rate     : 15
num. of frames : 105
EOF reached during processing
```

　car01.avi は、総フレーム数が 105 です。このファイルの 100 番目から 10 フレームを取り出すように引数を与えます。すると 106 フレーム目を取り出そうとしたときに、入力ファイルの終端に達します。このため、出力ファイルは 5 フレームのみを保持します。

　先に紹介したプログラムを使って、出力ファイルの情報を表示します。10 フレーム取り出すように引数を与えましたが、ファイルの終端に達したため、5 フレームのみが抜き出されています。

```
C:¥temp>fileInfo out.avi
frame size     : 640 x 480
frame rate     : 15
num. of frames : 5
encode         : MJPG
```

　開始位置に、マイナスの値を指定した例を示します。

```
C:¥temp>extract car01.avi out.avi -10 10
frame size     : 640 x 480
frame rate     : 15
num. of frames : 105
start position must be larger than 0.
```

　開始フレーム位置にマイナスの値は指定できません。エラーメッセージを表示し、プログラムは終了します。

6.2 分割数を指定した動画ファイルの分割

動画ファイルをコマンドライン引数で指定した数に分割するプログラムを紹介します。

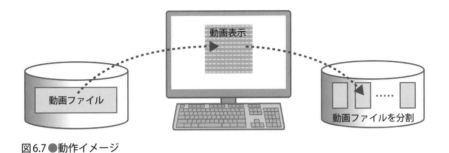

図6.7●動作イメージ

ソースリストを次に示します。getAviInfo 関数はリスト 6.1 と同じなので省略します。

リスト 6.2 ● ¥06aviMani¥Sources¥split.cpp

```
#include "../../Common.h"
    ︙
int main(int argc, char* argv[])
{
    try
    {
        if (argc != 4)
            throw "parameter error, see below:¥n"
            "   <input> <output prifix> <division number>";

        string input = argv[1];
        string prifix = argv[2];
        int division = atoi(argv[3]);

        VideoCapture capture = VideoCapture(input);
        if (!capture.isOpened())
            throw "input not found!";

        int width, height, frameRate, encode, numOfFrames;
        getAviInfo(capture, width, height, frameRate, encode, numOfFrames);
```

```cpp
        float frames = (float)numOfFrames / (float)division;
        if (frames < 1.0f)
            throw "number of frames is less than 1.";
        int framesOfFile = (int)ceil(frames);

        namedWindow(input);

        int current = 0, fileNo = 0, key;
        ostringstream output;
        Mat src;

        while (true)
        {
            //sprintf(outFile, "%s%03d.avi", argv[2], fileNo++);
            output.str("");
            output << prifix << setfill('0') << setw(3) << fileNo++ << ".avi";

            VideoWriter save = VideoWriter(output.str(), encode, frameRate,
                                                       Size(width, height));
            if (!save.isOpened())
                throw "VideoWriter failed to open!";

            cout << output.str() << endl;
            for (int i = 0; i < framesOfFile; i++)
            {
                capture >> src;
                if (src.empty()) break;
                current++;

                imshow(input, src);
                save << src;

                if ((key = waitKey(1)) >= 0) break;
            }
            save.release();
            if (key >= 0 || src.empty()) break;
            if (current == numOfFrames) break;
        }
        destroyAllWindows();
    }
    catch (const char* str)
    {
        cerr << str << endl;
    }
```

```
    return 0;
}
```

このプログラムは、動画ファイルを指定した数に分割します。プログラムに与える引数について説明します。

split　入力ファイル名　出力ファイル名プリフィックス　分割数

使用例

split　foo.avi　bar　10

このコマンドを実行すると、foo.avi を 10 分割して bar000.avi 〜 bar009.avi が作成されます。

動画ファイルの情報を取得する部分までは、前節のプログラムと同等です。分割数から一つのファイルが保持するフレーム数を求めます。まず、実数で `frames` に一つのファイルが保持するフレーム数を求めます。もし、フレーム数が 1.0 未満であれば例外を生成し、プログラムを終了させます。そうでなければ、`frames` の値を整数に切り上げて `framesOfFile` に格納します。出力ファイル名は複数になるため、ファイル名は引数を使って、プログラムが自動で命名します。3 分割を指定したときのイメージ図を次に示します。

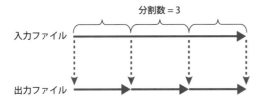

図6.8 ● 分割数に 3 を指定した場合

フレーム数は整数ですので、分割数との関係で必ずしも分割数で全フレーム数が割り切れるとはかぎりません。このため、最後のファイルにその誤差が集積し、ほかのファイルに比べてフレーム数が少なくなる場合があります。

処理の準備が完了したら、while 文で最後のフレームに達するまで処理します。引数で指定した出力ファイル名は先頭部分のみで、それに連続する番号と拡張子を追加したファイル名を生成し、それを使用して VideoWriter オブジェクトを生成します。そして、先ほど計算した `framesOfFile` 分を書き込みます。for ループを抜ける条件としては、次の三つが考えら

れます。

1. 指定フレーム数の書き込みが完了した
2. 入力ファイルが EOF に達した
3. 何かキーボードから入力があった

　for ループが終了したら、save オブジェクトの release メソッドでビデオライタを解放します。for ループが終了した場合、既定のフレームを書き込み終了した場合と、入力ファイルが EOF に達した場合や何かキーボードから入力があった場合では、処理が異なります。入力ファイルが EOF に達した場合や、何かキーボードから入力があった場合は、プログラムを終了に向かわせます。そうでない場合は、次のファイルを処理します。

　いくつかの実行例を示します。まず、入力ファイルを 5 分割する例を示します。出力ファイル名には、先頭の文字列だけ指定します。連番や拡張子はプログラムが補います。

```
C:¥temp>split car01.avi out 5
frame size    : 640 x 480
frame rate    : 15
num. of frames : 105
out000.avi
out001.avi
out002.avi
out003.avi
out004.avi

C:¥temp>dir out???.avi
 ドライブ C のボリューム ラベルは OS です
 ボリューム シリアル番号は xxxx-xxxx です

 C:¥temp のディレクトリ

2018/02/21  11:22         1,999,128 out000.avi
2018/02/21  11:22         1,998,340 out001.avi
2018/02/21  11:22         1,988,584 out002.avi
2018/02/21  11:22         1,996,604 out003.avi
2018/02/21  11:22         2,010,024 out004.avi
    ...
```

出力に out を指定したため、out000.avi 〜 out004.avi が生成されます。入力動画のフレーム数は 105 なので、21 フレームを含むファイルが五つ作成されます。

入力ファイルが保持するフレームより、大きな分割数を指定する例を示します。

```
C:\temp>split car01.avi out 500
frame size     : 640 x 480
frame rate     : 15
num. of frames : 105
number of frames is less than 1.
```

入力ファイルが保持するフレームより、大きな分割数を指定すると、一つのファイルが保持するフレーム数が 1 未満となってしまいます。このような場合は、エラーとして処理します。

最後のファイルのフレーム数が少ない例を示します。

```
C:\temp>split car01.avi out 4
frame size     : 640 x 480
frame rate     : 15
num. of frames : 105
out000.avi
out001.avi
out002.avi
out003.avi

C:\temp>fileInfo out000.avi
frame size     : 640 x 480
frame rate     : 15
num. of frames : 27
encode         : MJPG

C:\temp>fileInfo out001.avi
frame size     : 640 x 480
frame rate     : 15
num. of frames : 27
encode         : MJPG

C:\temp>fileInfo out002.avi
frame size     : 640 x 480
```

```
frame rate     : 15
num. of frames : 27
encode         : MJPG

C:\temp>fileInfo out003.avi
frame size     : 640 x 480
frame rate     : 15
num. of frames : 24
encode         : MJPG
```

　入力ファイルの総フレーム数が分割数の整数倍でないと、出力ファイルの保持するフレーム数が同一でなくなります。この例では、105フレームを保持する入力ファイルを4分割するよう指示していますが、結果は、out000.aviからout002.aviまでは27フレームで、最後のout003.aviのみが24フレームの動画ファイルとなります。

6.3 フレーム数を指定した動画ファイルの分割

　前節に続いて、動画ファイルを分割するプログラムを紹介します。先のプログラムでは、入力ファイルをいくつに分割するか指定しました。このプログラムは、それぞれのファイルが保持するフレーム数を指定します。以下にソースリストを示します。getAviInfo関数はリスト6.1、6.2と同じなので省略しています。

リスト6.3 ● ¥06aviMani¥Sources¥split2.cpp

```cpp
      ┊
int main(int argc, char* argv[])
{
    try
    {
        if (argc != 4)
            throw "parameter error, see below:¥n"
            "    <input> <output prifix> <num. of frame>";

        string input = argv[1];
        string prifix = argv[2];
```

```cpp
    int framesOfFile = atoi(argv[3]);

    VideoCapture capture = VideoCapture(input);
    if (!capture.isOpened())
        throw "input not found!";

    int width, height, frameRate, encode, numOfFrames;
    getAviInfo(capture, width, height, frameRate, encode, numOfFrames);

    if (framesOfFile < 1)
        throw "number of frames must be 1 or more.";

    namedWindow(input);

    int current = 0, fileNo = 0, key;
    ostringstream output;
    Mat src;

    while (current < numOfFrames)
    {
        output.str("");
        output << prifix << setfill('0') << setw(3) << fileNo++ << ".avi";

        VideoWriter save = VideoWriter(output.str(), encode, frameRate,
                                                  Size(width, height));
        if (!save.isOpened())
            throw "VideoWriter failed to open!";

        cout << output.str() << endl;
        for (int i = 0; i < framesOfFile; i++)
        {
            capture >> src;
            if (src.empty()) break;
            current++;

            imshow(input, src);
            save << src;

            if ((key = waitKey(1)) >= 0) break;
        }
        save.release();
        if (key >= 0 || src.empty()) break;
    }
    destroyAllWindows();
```

```
        }
        ⋮
```

　このプログラムは、動画ファイルを指定したフレーム数の複数ファイルに分割します。プログラムに与える引数について説明します。

---
split2　入力ファイル名　出力ファイル名プリフィックス　フレーム数

使用例

```
split  foo.avi  bar  10
```

　これは、foo.avi を 10 フレーム単位で分割するコマンドです。生成されるファイル名は、bar000.avi、bar000.avi、……、bar999.avi となります。分割数が 1000 に達すると、それ以降は連番の桁数が増えます。分割数は、入力ファイルの総フレーム数と最後の引数で指定したフレーム数に依存します。

　一つのファイルが保持するフレーム数を framesOfFile が保持しています。これを while ループと for ループを使用して書き込みます。最後のファイルは framesOfFile へ達する前に EOF になる可能性が高いです。その場合、内側の for ループを break 文で抜け、外側の while ループを条件式で抜けます。終了処理は、これまでと同様です。処理イメージ図を次に示します。

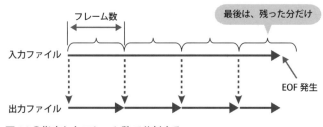

図6.9●指定したフレーム数で分割する

　いくつかの実行例を示します。まず、入力動画ファイルを 30 フレーム単位で別々のファイルに分割する例です。

```
C:\temp>split2 car01.avi out 30
frame size     : 640 x 480
frame rate     : 15
num. of frames : 105
out000.avi
out001.avi
out002.avi
out003.avi

C:\temp>fileInfo out000.avi
frame size     : 640 x 480
frame rate     : 15
num. of frames : 30
encode         : MJPG

C:\temp>fileInfo out001.avi
frame size     : 640 x 480
frame rate     : 15
num. of frames : 30
encode         : MJPG

C:\temp>fileInfo out002.avi
frame size     : 640 x 480
frame rate     : 15
num. of frames : 30
encode         : MJPG

C:\temp>fileInfo out003.avi
frame size     : 640 x 480
frame rate     : 15
num. of frames : 15
encode         : MJPG
```

　入力ファイルの総フレーム数が105フレームなので、30フレーム保持するファイルに分割すると、最後のファイルは15フレームとなります。

　フレーム数にマイナスの値を指定するとエラーとなります。

```
C:\temp>split2 car01.avi out -10
frame size     : 640 x 480
```

```
frame rate      : 15
num. of frames : 105
number of frames must be 1 or more.
```

6.4 逆再生

　ここでは、入力動画ファイルを逆再生するプログラムを紹介します。引数に出力ファイル名を指定すれば、処理結果を動画ファイルとして保存できます。

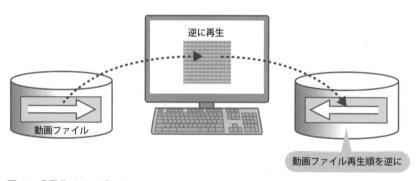

図6.10●動作イメージ

　以降に、ソースリストを以降に示します。

リスト 6.4 ● ¥06aviMani¥Sources¥reverse.cpp

```cpp
#include "../../Common.h"

// get avi Info.
void getAviInfo(VideoCapture capture, int& width, int& height,
    int& frameRate, int& encode, int& numOfFrames)
{
    ︙
}

int main(int argc, char* argv[])
```

```cpp
{
    try
    {
        string input, output = "output";
        VideoCapture capture;
        VideoWriter save;
        Mat src;
        int wait;

        if (argc > 1)                 // input
            input = argv[1];

        capture = VideoCapture(input);
        if (!capture.isOpened())
            throw "input not found!";

        int width, height, frameRate, encode, numOfFrames;
        getAviInfo(capture, width, height, frameRate, encode, numOfFrames);
        wait = 1000 / frameRate;

        if (argc > 2)
        {
            wait = 1;
            output = argv[2];

            save = VideoWriter(output, encode, frameRate, Size(width, height));
            if (!save.isOpened())
                throw "VideoWriter failed to open!";
        }

        namedWindow(output);

        for (int fNo = numOfFrames - 1; fNo >= 0; fNo--)
        {
            capture.set(CAP_PROP_POS_FRAMES, (double)fNo);   // 位置設定
            capture >> src;
            if (src.empty())
                throw "error CAP_PROP_POS_FRAMES.";

            imshow(output, src);

            if (save.isOpened())
                save << src;
```

```
            if (waitKey(wait) >= 0) break;
        }
        destroyAllWindows();
    }
    catch (const char* str)
    {
        cerr << str << endl;
    }
    return 0;
}
```

　このプログラムは、引数に指定した動画ファイルを逆再生して画面に表示します。出力ファイルを指定して、逆再生ファイルを生成することもできます。

　出力ファイルが指定された場合は、VideoWriter 関数でビデオライタを作成します。その際に、wait に 1 を設定します。これは、出力ファイルが指定された場合、変換が目的であると認識し、なるべく処理を高速化するためです。表示のみを行う場合は、フレームレートに従って逆再生を行います。

　逆再生は、入力ファイルの最後のフレームから始めて最初のフレームに至るまで、for ループで順番にフレームを表示することによって行います。フレーム位置の設定は、VideoCapture オブジェクトの set メソッドに CAP_PROP_POS_FRAMES と、for ループで使用したフレーム番号を使います。これによって逆再生が可能となります。処理イメージ図を次に示します。

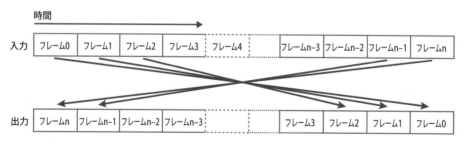

図6.11●処理イメージ

　なお、getAviInfo 関数内で入力画像のフレーム数を取得していますが、動画ファイルのヘッダに誤りがあるのか、実際のフレーム数と、VideoCapture オブジェクトの get メソッドで取得した値が異なるときがありました。そのような場合、フレーム位置を移動する際に例

外が発生します。もし、本プログラムが正常に動作しない場合、入力に用いたファイルが正常かチェックしてください。このような現象の起きるファイルを処理したい場合、総フレーム数を求めるのに VideoCapture オブジェクトの get メソッドを使用せず、全フレームを空読みして得るのも良いでしょう。

実行結果を紙面で伝えるのは困難です。このため、実行例は示しません。

6.5 残像

残像あるいはゴーストのような動画を作り出すプログラムを紹介します。格納ファイルを指定すれば、結果を動画ファイルとして作成します。

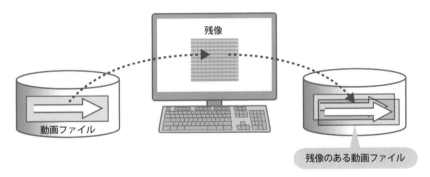

図6.12●動作イメージ

処理方式をフィルタ形式の図で次に示します。

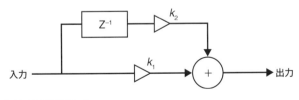

図6.13●処理方式

このようにすると、時間差のある画像を重ねて表示できます。過ぎた画像へ乗算する k2 を小さくし、現在の画像へ乗算する k1 を大きくします。現在の画像へ乗算する値は、なるべく 1.0 に近い値を採用します。k1 は 1.0 でもよいのですが、処理結果がオーバーフローする可能性があるため、今回は、k1 に 0.7 を、k2 に 0.3 を採用します。ソースリストを以降に示します。

リスト 6.5 ● ¥06aviMani¥Sources¥afterimage.cpp

```cpp
        :
int main(int argc, char* argv[])
{
    try
    {
        string input, output = "output";
        VideoCapture capture;
        VideoWriter save;
        int wait;

        if (argc > 1)              // input
            input = argv[1];

        capture = VideoCapture(input);
        if (!capture.isOpened())
            throw "input not found!";

        int width, height, frameRate, encode, numOfFrames;
        getAviInfo(capture, width, height, frameRate, encode, numOfFrames);
        if ((wait = 1000 / frameRate) < 1)
            wait = 1;

        if (argc > 2)
        {
            output = argv[2];

            save = VideoWriter(output, encode, frameRate, Size(width, height));
            if (!save.isOpened())
                throw "VideoWriter failed to open!";
        }

        Mat currentSrc, afterSrc, dst;
        const int DELAY = 4;

        namedWindow(output);
```

```
            for (int fNo = 0; fNo < numOfFrames - DELAY - 1; fNo++)
            {
                capture.set(CAP_PROP_POS_FRAMES, (double)fNo);              // 位置設定
                capture >> afterSrc;
                if (afterSrc.empty())
                    throw "error CAP_PROP_POS_FRAMES.";

                capture.set(CAP_PROP_POS_FRAMES, (double)(fNo + DELAY));    // 位置設定
                capture >> currentSrc;
                if (currentSrc.empty())
                    throw "error CAP_PROP_POS_FRAMES.";

                addWeighted(afterSrc, (double)0.3f,
                    currentSrc, (double)0.7f, (double)0.0f, dst);
                imshow(output, dst);

                if (save.isOpened())
                    save << dst;

                if (waitKey(wait) >= 0) break;
            }
            ⋮
```

このプログラムは、現在のフレームの画像と、先頭の DELAY で指定した分だけ遅れた（過去に表示された）フレームの画像をブレンドすることで残像を表現します。このプログラムで動画を処理すると、残像が現在の動きを追いかける現象を観察することができます。

まず、残像とするフレーム位置を VideoCapture オブジェクトの set メソッドで設定し、そのフレームを afterSrc へ取得します。次に、再び set メソッドでフレーム位置を現在位置に変更し、そのフレームを取得し currentSrc に読み込みます。

> フレームを読み込んだ後で、内容が空かチェックしています。このようなコードは、本来は不要です。ところが OpenCV のバージョンや入力ファイルによっては、VideoCapture オブジェクトの set メソッドでシークに失敗し、フレームが空になる場合があったため、チェックを追加しました。

以上で、afterSrc に残像のフレームが格納され、currentSrc に現在のフレームが格納されます。これらを、addWeighted 関数で重みを付けてブレンドします。このプログラムでは

次の式で表されるような重み付けを行っています。

　　　結果 =（現在の画像 × 0.7）+（過ぎ去った画像 × 0.3）

ほかの処理は、これまでと同様です。DELAY 宣言と addWeighted 関数の重みを変えれば、残像の程度を変更できます。

実行例を次に示します。

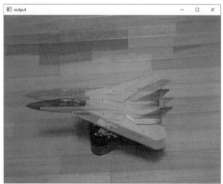

図6.14●実行例

残像を繰り返し残す方式

リスト 6.5 のプログラムを変更して、より流れるような残像を残すプログラムを作成します。基本的な動作は変えず、動画のブレンドを図 6.15 に示すような方式で行います。

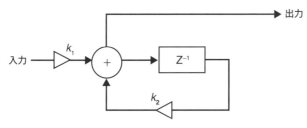

図6.15 ● 変更後のブレンド方式

新しい方式では、一旦ブレンドを行った結果を戻して再びブレンドを行うという処理を繰り返します。そのため残像は永遠に残ります。ただし、係数 k_2 を乗算するため、その影響は次第に小さくなります。このプログラムでは、k_1、k_2 ともに 0.5 を採用します。

リスト 6.5 のプログラムと異なる部分のソースリストを次に示します。

リスト 6.6 ● ¥06aviMani¥Sources¥afterimageIIR.cpp

```
        ⋮
int main(int argc, char* argv[])
{
        ⋮
    if (argc > 2)
    {
        output = argv[2];

        save = VideoWriter(output, encode, frameRate, Size(width, height));
        if (!save.isOpened())
            throw "VideoWriter failed to open!";
    }

    Mat src, dst;
    namedWindow(output);
```

```
        capture >> dst;

        for (int fNo = 0; fNo < numOfFrames - 1; fNo++)
        {
            capture >> src;
            if (src.empty()) break;

            addWeighted(dst, (double)0.5f,
                src, (double)0.5f, (double)0.0f, dst);
            imshow(output, dst);

            if (save.isOpened())
                save << dst;

            if (waitKey(wait) >= 0) break;
        }
        destroyAllWindows();
    }
```

　まず、dstに動画の先頭フレームを取得します。その後、srcに現在のフレームを取得します。この両方のフレームを、addWeighted関数で重みを付けてブレンドします。結果はdstに格納されます。このフレームは表示に使うとともに、さらに次のブレンドにも使用します。これによって、動きのある物体が糸を引くように残像が残ります。

　実行例を次に示します。

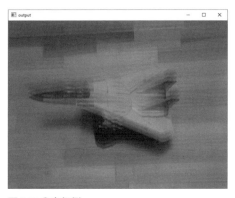

図6.16●実行例

6.6 リサイズ

　動画の画像サイズ変更するプログラムを紹介します。格納ファイルを指定すれば、結果を動画ファイルとして作成します。引数でサイズや拡大縮小率を与えると使い勝手が良くなりますが、プログラムが簡単になるように、単純に入力の半分にリサイズします。前節のプログラムと同じ部分が多いので、異なる部分のみを示します。

リスト 6.7 ● ¥06aviMani¥Sources¥resizer.cpp

```
      ︙
    int width, height, frameRate, encode, numOfFrames;
    getAviInfo(capture, width, height, frameRate, encode, numOfFrames);
    if ((wait = 1000 / frameRate) < 1)
        wait = 1;
    width /= 2;
    height /= 2;

    if (argc > 2)
    {
        output = argv[2];

        //save = VideoWriter(output, encode, frameRate, Size(width, height));
        save = VideoWriter(output, CV_FOURCC_DEFAULT, frameRate, Size(width,
                                                                    height));
```

```
        if (!save.isOpened())
            throw "VideoWriter failed to open!";
    }

    Mat src, dst;
    namedWindow(output);

    while(true)
    {
        capture >> src;
        if (src.empty()) break;

        resize(src, dst, Size(width, height));
        imshow(output, dst);

        if (save.isOpened())
            save << dst;

        if (waitKey(wait) >= 0) break;
    }
    destroyAllWindows();
    ︙
}
```

このプログラムは，入力動画の画像サイズを半分にするプログラムです。

実行例を次に示します。左から入力動画、リサイズ後の動画、そのリサイズした動画を入力に指定して得られた動画です。順にサイズが半分になります。

図6.17●実行例

関数の説明

cv::resize

画像(行列)をリサイズします。

形式

```
void cv::resize( const Mat& src, Mat& dst, Size dsize,
                 double fx=0, double fy=0, int interpolation=INTER_LINEAR)
void cv::resize( InputArray src, OutputArray dst, Size dsize,
                 double fx=0, double fy=0, int interpolation = INTER_LINEAR)
```

引数

src	入力画像(行列)です。
dst	出力画像(行列)です。このサイズは、dsize(0以外の場合)、または src.size()、fx および fy から算出される値になります。また、dst の型は src と同じになります。
dsize	出力画像(行列)のサイズです。もし、0の場合、以下の計算式で算出します。 dsize = Size(round(fx*src.cols), round(fy*src.rows))
fx	水平軸方向のスケールファクタです。0の場合、次のように計算されます。 (double)dsize.width/src.cols
fy	垂直軸方向のスケールファクタです。0の場合、次のように計算されます。 (double)dsize.height/src.rows
interpolation	補間手法です。

説明

画像(行列)を縮小・拡大します。

第7章

二つの動画合成

7.1 二つの動画ファイルを連結

二つの動画ファイルを一つの動画ファイルに連結するプログラムを紹介します。

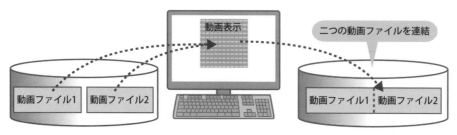

図7.1●動作イメージ

以降に、ソースリストを示します。

リスト 7.1 ● ¥07two¥Sources¥combine.cpp

```cpp
#include "../../Common.h"

// get avi Info.
void getAviInfo(VideoCapture capture, int& width, int& height,
    int& frameRate, int& encode, int& numOfFrames)
{
    width = static_cast<int>(capture.get(CAP_PROP_FRAME_WIDTH));
    height = static_cast<int>(capture.get(CAP_PROP_FRAME_HEIGHT));

    frameRate = static_cast<int>(capture.get(CAP_PROP_FPS));
    numOfFrames = static_cast<int>(capture.get(CAP_PROP_FRAME_COUNT));
    encode = static_cast<int>(capture.get(CAP_PROP_FOURCC));

    cout << "frame size     : " << width << " x " << height << endl;
    cout << "frame rate     : " << frameRate << endl;
    cout << "num. of frames : " << numOfFrames << endl;
}

int main(int argc, char* argv[])
{
    try
    {
```

```cpp
    int width[2], height[2], frameRate[2], encode[2], numOfFrames[2];
    VideoCapture capture[2];

    if (argc != 4)
        throw "parameter error, see below:\n"
            "    <input1> <input2> <output>";

    for (int i = 0; i < 2; i++)
    {
        capture[i] = VideoCapture(argv[i + 1]);
        if (!capture[i].isOpened())
            throw "input not found!";

        getAviInfo(capture[i], width[i], height[i], frameRate[i], encode[i],
                                                            numOfFrames[i]);
    }

    // サイズチェック
    if (width[0] != width[1] || height[0] != height[1])
        throw "image size not match!";

    // set wait
    int wait = (1000 / frameRate[0]) < 1 ? 1 : (1000 / frameRate[0]);

    Mat src;
    string output = argv[3];
    VideoWriter save(output, encode[0], frameRate[0], Size(width[0], height[0]));
    if (!save.isOpened())
        throw "VideoWriter failed to open!";

    namedWindow(output);
    for (int i = 0; i < 2; i++)
    {
        while (true)
        {
            capture[i] >> src;
            if (src.empty()) break;

            imshow(output, src);
            save << src;

            if (waitKey(wait) >= 0) break;
        }
        capture[i].release();
    }
```

```
        destroyAllWindows();
    }
    catch (const char* str)
    {
        cerr << str << endl;
    }
    return 0;
}
```

本プログラムは、二つの動画ファイルを連結します。引数に、入力ファイルを二つ、出力ファイルを一つ与えなければなりません。以降に、本プログラムの処理イメージを図で示します。

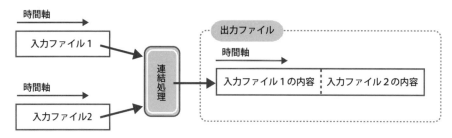

図7.2 ● プログラムの処理イメージ

図から分かるように、二つの入力ファイルを連結して、出力ファイルを生成します。属性などは、入力ファイル1を引き継ぎます。

以降に、引数について説明します。

```
combine    入力ファイル名1    入力ファイル名2    出力ファイル名
```

使用例

```
combine  foo.avi  bar.avi  out.avi
```

out.avi に foo.avi と bar.avi が連結されて格納されます。

main プロシージャは、まず、引数の数を調べます。引数が三つでない場合、例外を発生さ

せエラーメッセージ表示後、プログラムを終了させます。引数の数に問題がなかったら、forループで、二つの入力ファイルから二つのビデオキャプチャを取得します。ビデオキャプチャ取得には、getAviInfoプロシージャを使用します。getAviInfoプロシージャは、ビデオキャプチャを取得するだけでなく、動画の各種情報も取得します。

　二つのビデオキャプチャを取得できたら、連結できる動画か調べます。同じ画像サイズの動画以外は連結しません。本来ならフレームレートなども同一かチェックした方が良いのでしょうが、それらはチェックしていません。二つの動画でフレームレートが異なる場合、最初の動画のフレームレートに合わせますので、二番目の動画がスロー再生や早送りになってしまう場合があります。

　次に、VideoWriterオブジェクトを生成します。引数から分かるように、最初に指定したファイルのフレームレートやエンコードを採用します。

　最後に、二つの動画を連結します。forループを使用し、順次動画を一フレームずつ読み、それを順次書き込みます。以降に、いくつか実行例を示します。

　まず、引数を指定せず、使用法のメッセージを表示させた例を示します。

```
C:¥>combine
parameter error, see below:
    <input1> <input2> <output>
```

　二つの入力ファイルと、一つの出力ファイルを指定し、二つの入力ファイルを連結する例を示します。出力ファイルは、最初に指定したファイルの属性を引き継ぎます。

```
C:¥>combine in0.avi in1.avi out.avi
frame size      : 640 x 480
frame rate      : 30
num. of frames  : 102
frame size      : 640 x 480
frame rate      : 30
num. of frames  : 1000
```

　入力ファイルの画像サイズが異なる場合、連結できません。ここでは、入力ファイルの画像サイズが異なるものを指定した例を示します。

```
C:¥>combine in0.avi dc1.avi out.avi
frame size     : 640 x 480
frame rate     : 30
num. of frames : 102
frame size     : 320 x 240
frame rate     : 15
num. of frames : 519
image size not match!
```

二つの入力ファイルの画像サイズが異なる場合、エラーメッセージが表示されます。

7.2 二つの動画ファイルの差分

二つの動画ファイルの差分を抜き出すプログラムを紹介します。ファイルの長さ（総フレーム数）が異なる場合、出力ファイルは短い方に合わせます。

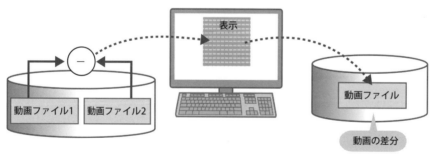

図7.3 ●動作イメージ

リスト7.1のプログラムと共通の部分が多いため、異なる部分のソースリストを次に示します。

リスト 7.2 ● ¥07two¥Sources¥diff.cpp

```
    ⋮
int main(int argc, char* argv[])
{
```

```
    try
    {
        string output = "output";
        int width[2], height[2], frameRate[2], encode[2], numOfFrames[2];
        VideoCapture capture[2];
        VideoWriter save;

        if (argc < 3)
            throw "parameter error, see below:\n"
            "    <input1> <input2> [output]";

        for (int i = 0; i < 2; i++)
        {
            capture[i] = VideoCapture(argv[i + 1]);
            if (!capture[i].isOpened())
                throw "input not found!";

            getAviInfo(capture[i], width[i], height[i], frameRate[i], encode[i],
                                                                    numOfFrames[i]);
        }

        // サイズチェック
        if (width[0] != width[1] || height[0] != height[1])
            throw "image size not match!";

        // 出力チェック
        if (argc > 3)
        {
            output = argv[3];

            save = VideoWriter(output, encode[0], frameRate[0],
                                                cvSize(width[0], height[0]));
            if (!save.isOpened())
                throw "VideoWriter failed to open!";
        }

        // set wait
        int wait = (1000 / frameRate[0]) < 1 ? 1 : (1000 / frameRate[0]);

        Mat src[2], dst;
        namedWindow(output);
        while (true)
        {
            for (int i = 0; i < 2; i++)
```

```
                capture[i] >> src[i];
            if (src[0].empty() || src[1].empty()) break;

            subtract(src[0], src[1], dst);

            imshow(output, dst);

            if (save.isOpened())
                save << dst;

            if (waitKey(wait) >= 0) break;
        }
        destroyAllWindows();
    }
    catch (const char* str)
    {
        cerr << str << endl;
    }
    return 0;
}
```

　このプログラムは、二つの動画ファイルの差分を取得します。引数に、入力ファイルを二つ、出力ファイルを一つ与えます。出力ファイルは省略できます。出力ファイルを省略した場合、表示のみを行います。以降に、引数について説明します。

```
diff    入力ファイル名1    入力ファイル名2    [出力ファイル名]
```

使用例 1

```
diff    foo.avi    bar.avi    out.avi
```

このコマンドを実行すると、out.avi に foo.avi と bar.avi の差分が格納されます。

使用例 2

```
diff    foo.avi    bar.avi
```

このコマンドを実行すると、foo.avi と bar.avi の差分が表示されます。

プログラムの大まかな処理の流れは、前節のプログラム（リスト 7.1）と同じです。このプログラムでは、二つの入力動画ファイルからそれぞれ 1 フレームを取り出し、subtract 関数でそれらの差分を取った画像を生成する処理を、入力動画ファイルのどちらかが終わるまで while ループで繰り返します。コマンドラインで出力ファイル名を指定した場合は、最初に VideoWriter オブジェクトを生成しておき、差分を取った画像を書き込みます。

いくつか実行例を次に示します。まず、二つの入力ファイルの画像サイズが異なる場合は処理を行いません。次のようなエラーメッセージが表示され、プログラムは終了します。

```
C:\>diff spitfire_320x240_15fps_01.avi F14_640x480_30fps_02.avi
frame size     : 320 x 240
frame rate     : 15
num. of frames : 600
frame size     : 640 x 480
frame rate     : 30
num. of frames : 450
image size not match!
```

二つの入力ファイルの画像サイズが異なる場合、エラーメッセージが表示され、プログラムは終了します。

差分を表示している様子を次に示します。

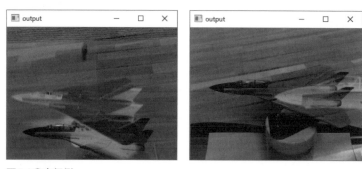

図7.4●実行例

このプログラムは、動画処理の前と後の変化を比較するような用途にも使用できるでしょう。

7.3
二つの動画ファイルをブレンド

二つの動画ファイルをブレンドするプログラムを紹介します。ファイルの大きさ（総フレーム数）が異なる場合は、短い方（総フレーム数が少ない方）に合わせて出力ファイルを生成します。なお、ブレンドの割合は外部から引数で与えるようにします。

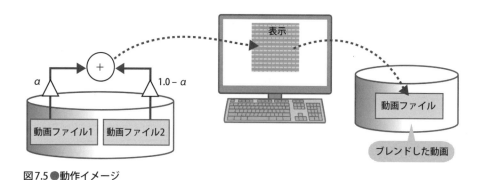

図7.5●動作イメージ

これまでのプログラムと異なる部分のソースリストを次に示します。

リスト 7.3 ● ¥07two¥Sources¥blend.cpp

```cpp
        ⋮
int main(int argc, char* argv[])
{
    try
    {
        ⋮
        if (argc < 3)
            throw "parameter error, see below:¥n"
            "    <input1> <input2> [<output>] [<alpha value>]";
        ⋮
        // 出力チェック
        if (argc > 3 && string(argv[3]) != "display")
        {
            output = argv[3];

            save = VideoWriter(output, encode[0], frameRate[0],
                                            cvSize(width[0], height[0]));
            if (!save.isOpened())
                throw "VideoWriter failed to open!";
        }

        // set wait
        int wait = (1000 / frameRate[0]) < 1 ? 1 : (1000 / frameRate[0]);

        // α値チェック
        double alpha = 0.5f;
        if (argc > 4)
            alpha = atof(argv[4]) > 1.0f ? 0.5f : atof(argv[4]);

        Mat src[2], dst;
        namedWindow(output);
        while (true)
        {
            for (int i = 0; i < 2; i++)
                capture[i] >> src[i];
            if (src[0].empty() || src[1].empty()) break;

            addWeighted(src[0], (double)alpha,
                src[1], (double)(1.0f - alpha), (double)0.0f, dst);

            imshow(output, dst);
```

```
                if (save.isOpened())
                    save << dst;

                if (waitKey(wait) >= 0) break;
        }
        ⋮
        ⋮
```

このプログラムは、割合を指定して二つの動画ファイルのブレンドを行います。ブレンドする割合を省略すると、0.5 が採用されます。出力ファイル名の代わりに「display」と指定すると、ファイルへは出力されず、表示のみが行われます。これは、とりあえずブレンドの様子を確認したいというような場合に有効な使用法です。引数について次に説明します。

```
blend  入力ファイル名1  入力ファイル名2  ［出力ファイル名 | display］ ［α値］
```

使用例 1

```
blend  foo.avi  bar.avi  out.avi  0.3
```

out.avi に foo.avi と bar.avi をブレンドした動画が格納されます。α値に 0.3 を指定しています。これは、入力ファイル 1 に適用され、入力ファイル 2 には (1.0 − α) つまり、0.7 が指定されます。以降に、数式で示します。

　　out = (in1 × 0.3) + (in2 × 0.7)

使用例 2

```
blend  foo.avi  bar.avi  display  0.7
```

3 番目の引数に「display」を指定しているため、出力ファイルは作られず、表示のみ行われます。

使用例 3

```
blend  foo.avi  bar.avi
```

α値に 0.5 が指定されたものとして処理します。出力ファイルは作られず、表示のみ行われます。

これまでのプログラムと同様の処理が多いため、異なる部分のみ説明します。

出力ファイル名(「display」以外の文字列)が指定されていれば、VideoWriter オブジェクトを生成します。次にα値をチェックします。α値が指定されていなければ、宣言で代入した 0.5 がそのまま使用されます。α値が指定されていれば、atof で文字列を浮動小数点へ変換します。

処理の準備が完了したら、while ループでどちらかの動画ファイルが終わるまで、フレームを取り出し、addWeighted 関数で二つのフレームをブレンドする処理を繰り返します。出力ファイルが指定されていたら、得られた結果を書き込みます。

実行例を次に示します。

入力動画 1

入力動画 2

α 値の指定を省略した例

α 値に 0.3 を指定した例

α値に0.7を指定した例

図7.6●実行例

7.4
二つの動画ファイルを交互に表示

　二つの動画交互に組み合わせるプログラムを紹介します。単純に指定された周期で切り替えるものや、徐々に切り替わるものを紹介します。周期は、外部から引数で与えることが可能です。

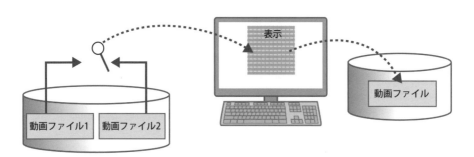

図7.7●動作イメージ

　最初のプログラムは、動画を交互に切り替えるプログラムです。以降に、時間軸と動画の表示を示します。

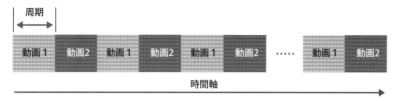

図7.8 ● 時間軸と動画の表示

　getAviInfo関数はこれまでのプログラムと同じです。それ以外の部分のソースリストを次に示します。

リスト 7.4 ● ¥07two¥Sources¥square.cpp

```cpp
    ⋮
int main(int argc, char* argv[])
{
    try
    {
        string output = "output";
        int width[2], height[2], frameRate[2], encode[2], numOfFrames[2];
        VideoCapture capture[2];
        VideoWriter save;

        if (argc < 3)
            throw "parameter error, see below:\n"
            "    <input1> <input2> [<output>] [<num. of frames>]";

        for (int i = 0; i < 2; i++)
        {
            capture[i] = VideoCapture(argv[i + 1]);
            if (!capture[i].isOpened())
                throw "input not found!";

            getAviInfo(capture[i], width[i], height[i], frameRate[i], encode[i],
                                                                  numOfFrames[i]);
        }

        // サイズチェック
        if (width[0] != width[1] || height[0] != height[1])
            throw "image size not match!";

        // 出力チェック
        if (argc > 3 && string(argv[3]) != "display")
```

```cpp
        {
            output = argv[3];

            save = VideoWriter(output, encode[0], frameRate[0],
                                            cvSize(width[0], height[0]));
            if (!save.isOpened())
                throw "VideoWriter failed to open!";
        }

        // set wait
        int wait = (1000 / frameRate[0]) < 1 ? 1 : (1000 / frameRate[0]);

        // 周期チェック
        int count = 30;
        if (argc > 4)
            count = atoi(argv[4]) < 1 ? 30 : atoi(argv[4]);

        Mat src;
        namedWindow(output);
        int curCount = 0, index = 0;
        while (true)
        {
            if (++curCount > count - 1)
            {
                curCount = 0;
                index = index == 0 ? 1 : 0;
            }

            capture[index] >> src;
            if (src.empty()) break;

            imshow(output, src);

            if (save.isOpened())
                save << src;

            if (waitKey(wait) >= 0) break;
        }
        destroyAllWindows();
    }
    catch (const char* str)
    {
        cerr << str << endl;
    }
```

```
    return 0;
}
```

　このプログラムは、二つの動画ファイルを交互に切り替えながら、表示と保存を行います。切り替え周期はフレーム数を引数として与えます。切り替え周期が指定されていない場合は、デフォルトの 30 が使われます。出力ファイル名の代わりに「display」と指定すると、ファイルは出力されず表示のみ行われます。これは、切り替え周期を指定して結果を観察したいときに有効な使用法です。
　引数について説明します。

```
square　入力ファイル名1　入力ファイル名2　[ 出力ファイル名 | display]　[ 切り替え周期 ]
```

使用例 1

```
square  foo.avi  bar.avi  out.avi  100
```

out.avi に foo.avi と bar.avi を 100 フレーム周期で切り替えた動画が格納されます。

使用例 2

```
square  foo.avi  bar.avi  display  70
```

出力ファイル名の代わりに「display」を指定しているため、表示のみ行われます。引数から、70 フレーム周期で切り替えます。これは、表示のみ行いたいが、切り替え周期を指定したいときに有効な使用法です。

使用例 3：

```
square  foo.avi  bar.avi
```

切り替え周期の指定を省略しています。この場合は、30 フレームが指定されたものとして処理します。出力ファイルは作られず、表示のみ行われます。

　これまでと同様の処理が多いため、異なる部分のみ説明します。まず、切り替え周期をチェックします。切り替え周期が指定されていなければ、宣言で代入した 30 をそのまま使用

します。切り替え周期が指定されていたら、atoiで文字列を整数へ変換します。切り替え周期に1未満が指定されている場合は、1が指定されたとみなします。

whileループでは、取り出した動画を順次表示します。入力ファイルの切り替えは、curCountをインクリメントして切り替え周期に達したら、入力ファイルを示すindex変数を変更することで行います。詳細はソースリストを参照してください。短い周期を与えると、画面がチラつくような印象を受けます。

紙面で実行の様子を示すのは困難なので、実行例は省略します。

徐々に入れ替わる

リスト7.4のプログラムでは、動画の切り替えを瞬間的に行いました。ここでは、周期的に変動する値αをもとに二つの動画をブレンドしながら切り替えるプログラムを紹介します。先のプログラムでは、一方の動画の再生中、もう一方の動画の時間軸を停止していました。このプログラムでは、二つのファイルに対して同じ時間軸を使用します。

このプログラムの処理イメージを次に示します。

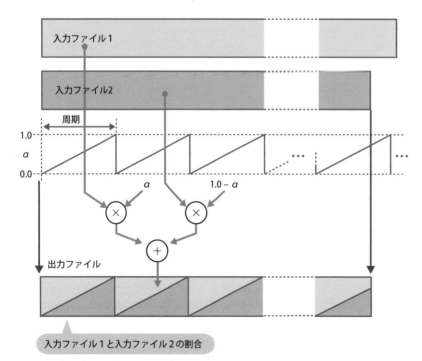

図7.9●プログラムの処理イメージ

リスト7.4のプログラムと共通の部分が多いため、異なる部分のソースリストを次に示します。

リスト 7.5 ● ¥07two¥Sources¥sawtooth.cpp

```cpp
    Mat src[2], dst;
    namedWindow(output);
    int curCount = 0;
    while (true)
    {
        if (++curCount > count)
            curCount = 0;

        for (int i = 0; i < 2; i++)
            capture[i] >> src[i];
        if (src[0].empty() || src[1].empty()) break;

        double alpha = (double)curCount / (double)count;

        addWeighted(src[0], (double)alpha,
            src[1], (double)(1.0f - alpha), (double)0.0f, dst);

        imshow(output, dst);

        if (save.isOpened())
            save << dst;

        if (waitKey(wait) >= 0) break;
    }
```

　処理の大まかな流れはリスト7.4のプログラムと同様です。二つの動画ファイルは、時間とともに変化する比率でブレンドされながら交互に切り替わります。切り替え周期はフレーム数を引数として与えます。切り替え周期が指定されていない場合は、デフォルトの30が使われます。出力ファイル名の代わりに「display」と指定すれば、表示のみが行われます。
　実行時に指定する引数を次に示します。

```
sawtooth　入力ファイル名1　入力ファイル名2　[出力ファイル名 | display]　[切り替え周期]
```

使用例 1

```
sawtooth  foo.avi  bar.avi  out.avi  100
```

out.avi に foo.avi と bar.avi を 100 フレーム周期でブレンドしながら切り替えた動画が格納されます。

使用例 2

```
sawtooth  foo.avi  bar.avi  display  70
```

3 番目の引数に「display」を指定して、表示のみを行います。周期を指定していますので、70 フレーム周期でブレンドしながら切り替えた動画が格納されます。

使用例 3

```
sawtooth  foo.avi  bar.avi  out.avi
```

切り替え周期の指定を省略すると、30 フレームが指定されたものとして処理します。

while ループで、どちらかのファイルが終了するまで繰り返します。まず、二つの動画から 1 フレームずつ src 配列に取り出してブレンドします。このプログラムは、周期に従ってブレンド比率を変えます。その管理を行うのが curCount です。この値と周期から、ブレンドに使用する alpha を算出します。二つの画像のブレンドは addWeighted 関数を使用します。これ以降の処理は、先のプログラムと同様です。

フェードイン・アウトしながら入れ替わる

リスト 7.5 のプログラムは、徐々に動画を切り替えますが、突然、入力 1 の動画に戻ってしまいます。そこで、プログラムを少し改良して交互にフェードイン・アウトするプログラムを紹介します。時間軸と動画の表示を次に示します。

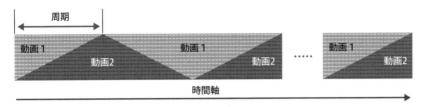

図7.10 ● 時間軸と動画の表示

リスト7.5のプログラムと異なる部分のソースリストを次に示します。

リスト7.6 ● ¥07two¥Sources¥triangle.cpp

```cpp
        :
        Mat src[2], dst;
        namedWindow(output);
        int curCount = 0, index = 1;
        while (true)
        {
            if (++curCount > count)
            {
                curCount = 0;
                index = index == 0 ? 1 : 0;
            }

            for (int i = 0; i < 2; i++)
                capture[i] >> src[i];
            if (src[0].empty() || src[1].empty()) break;

            double alpha = (double)curCount / (double)count;
            if (index == 1)
                alpha = (double)1.0f - alpha;

            addWeighted(src[0], (double)alpha,
                src[1], (double)(1.0f - alpha), (double)0.0f, dst);

            imshow(output, dst);

            if (save.isOpened())
                save << dst;

            if (waitKey(wait) >= 0) break;
        }
        :
```

このプログラムも、二つの動画ファイルをブレンドします。先のプログラムに近いですが、よりスムーズに二つの動画が切り替わります。使用法は先のプログラムと同様です。

先のプログラムと同様な処理が多いため、異なる部分のみ説明します。画像をブレンドする際、係数の勾配を周期毎に入れ替えています。勾配が先のプログラムと同じ期間では、α値の計算も先のプログラムと同じです。勾配が逆の期間では、「α値＝ 1.0 − α値」としてブレンドの比率を逆にします。これ以降の処理は、先のプログラムと同様です。

実行例を次に示します。

図7.11●実行例

第8章

オブジェクト検出・除去

第8章 オブジェクト検出・除去

オブジェクトの検出や除去を行うプログラムを紹介します。

8.1 コーナー検出

本プログラムは、リアルタイムに、入力動画に含まれるコーナーを検出します。以降に、ソースリストを示します。

リスト 8.1 ● ￥08objects￥Sources￥detectConers.cpp

```cpp
#include "../../Common.h"

VideoWriter getvWriter(const string fname, const VideoCapture capture)
{
    Size vSize = Size(
        static_cast<int>(capture.get(CAP_PROP_FRAME_WIDTH)),
        static_cast<int>(capture.get(CAP_PROP_FRAME_HEIGHT)));

    double fps = capture.get(CAP_PROP_FPS);
    fps = fps > 0.0 ? fps : 30.0;
    VideoWriter save = VideoWriter(fname, CV_FOURCC_DEFAULT, fps, vSize);
    if (!save.isOpened())
        throw "VideoWriter failed to open!";

    return save;
}

int main(int argc, char* argv[])
{
    try
    {
        string input = "camera", output = "output";
        VideoCapture capture;
        VideoWriter save;
        Mat src, dst;
        int wait = 1;

        if (argc > 1)              // input
            input = argv[1];
```

```
        if (argc > 2)              // output
            output = argv[2];

        if (input.compare("camera") == 0)
            capture = VideoCapture(0);
        else
        {
            capture = VideoCapture(input);
            wait = 33;
        }
        if (!capture.isOpened())
            throw "input not found!";

        if (argc > 2)
            save = getvWriter(output, capture);

    const int maxCorners = 50, blockSize = 3;
    const double qualityLevel = 0.01, minDistance = 20.0, k = 0.04;
    const bool useHarrisDetector = false;
    vector< Point2f > corners;
    Mat gray;

        namedWindow(input);
        namedWindow(output);

        while (true)
        {
            capture >> src;
            if (src.empty()) break;

            dst = src.clone();

            cvtColor(src, gray, COLOR_RGB2GRAY);
            goodFeaturesToTrack(gray, corners, maxCorners, qualityLevel,
                minDistance, Mat(), blockSize, useHarrisDetector, k);

            for (size_t i = 0; i < corners.size(); i++)
                circle(dst, corners[i], 4, Scalar(255, 0, 0), 2);

            imshow(input, src);
            imshow(output, dst);

            if (save.isOpened())
```

```
                save << dst;

                if (waitKey(wait) >= 0) break;
            }
            destroyAllWindows();
        }
        catch (const char* str)
        {
            cerr << str << endl;
        }
        return 0;
    }
```

　このプログラムは、カメラまたはファイルから取り出した動画に含まれる強いコーナーを検出します。動画を処理するwhileループに入る前にgoodFeaturesToTrack関数に与えるいくつかの引数を設定します。

　whileループで動画を連続的に読み込み、コーナー検出処理を行います。まず、読み込んだ動画を表示のdstへコピーします。読み込んだ画像をcvtColor関数でRGBカラーからグレイスケールに変換します。この画像をgoodFeaturesToTrack関数へ与え、強いコーナーを検出します。第8引数にfalseを与え固有値を計算し、強いコーナーを検出します。この例では、上位50個のコーナーを検出します。最後に、circle関数で検出したコーナー位置に円を描画します。

　実行例をいくつか示します。左側が入力動画、右側が処理後の動画です。

図8.1 ●実行例

関数の説明

cv::goodFeaturesToTrack

画像内の強いコーナーを検出します。

形式

```
void cv::goodFeaturesToTrack( InputArray image, OutputArray corners,
        int maxCorners, double qualityLevel, double minDistance,
        InputArray mask=noArray(), int blockSize=3,
        bool useHarrisDetector=false, double k=0.04 )
```

引数

image	入力画像（行列）です。8ビット、または浮動小数点型シングルチャンネルです。
corners	検出されたコーナーが出力されるベクトルです。
maxCorners	出力されるコーナーの最大数です。この値より多くのコーナーが検出された場合、強いコーナーから格納されます。
qualityLevel	許容される画像コーナーの最低品質を決定します。詳細はOpenCVの仕様書を参照してください。
minDistance	出力されるコーナー間の最小ユークリッド距離です。詳細はOpenCVの仕様書を参照してください。
mask	オプションの処理マスクです。8ビットのシングルチャンネル画像

blockSize	ピクセル近傍領域における微分画像の平均化ブロックサイズです。詳細は OpenCV の仕様書を参照してください。
useHarrisDetector	Harris 検出器、あるいは cornerMinEigenVal のどちらを利用するかを示します。
k	Harris 検出器のフリーパラメータです。

説明

この関数は画像の最も強いコーナーを検出します。いくつかのステップでコーナーを検出します。詳細は OpenCV の仕様書を参照してください。

cv::circle

円を描きます。

形式

```
void cv::circle( InputOutputArray img, Point center, int radius,
                 const Scalar& color, int thickness=1,
                 int lineType=LINE_8, int shift=0 )
```

引数

img	円を描く対象画像（配列）です。
center	円の中心座標です。
radius	円の半径です。
color	円の色です。
thickness	正の値の場合、円を描く線の太さです。マイナスの値を指定した場合、円は塗り潰されます。
lineType	円の枠線の種類です、詳細は OpenCV の仕様書を参照してください。
shift	中心点の座標と半径の値において、小数点以下の桁を表すビット数です。

説明

与えられた円の中心座標と半径を持つ円、あるいは塗りつぶされた円を描きます。

8.2 オブジェクト除去

　動画に含まれるオブジェクトを除去するプログラムを紹介します。以降に、ソースリストの一部を示します。

リスト 8.2 ● ¥08objects¥Sources¥eliminateObjects.cpp

```cpp
    ⋮
    if (argc > 2)
        save = getvWriter(output, capture);

    Mat mask;
    imread("mask.jpg", IMREAD_GRAYSCALE).copyTo(mask);
    if (mask.empty())
        throw "mask.jpg not found.";

    capture >> src;
    if (mask.size != src.size)
        throw "mask.jpg size is not same as input.";

    namedWindow(input);
    namedWindow(output);

    while (true)
    {
        capture >> src;
        if (src.empty()) break;

        inpaint(src, mask, dst, 1, INPAINT_TELEA);

        imshow(input, src);
        imshow(output, dst);

        if (save.isOpened())
            save << dst;

        if (waitKey(wait) >= 0) break;
    }
    ⋮
```

第8章 オブジェクト検出・除去

　このプログラムは、カメラまたはファイルから取り出した動画に含まれるオブジェクトを除去します。入力動画の除去したい部分を、マスク画像として与えます。オブジェクトを除去した部分は、除去したオブジェクトの近傍から補完します。このプログラムは、前もって除去したいオブジェクトの範囲を示すマスク画像を使用します。もう少し、自動化した例は後述します。

　以降に実行例を示します。左が入力動画、右がオブジェクト除去後の動画です。

図8.2●実行例

　あらかじめ用意したマスク画像を示します。

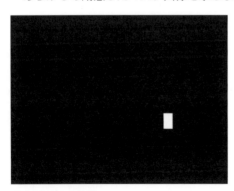

図8.3●マスク画像

　除去部分が見にくいため、その部分の入力動画とオブジェクト除去後の部分を拡大して示します。

図8.4●入力動画とオブジェクト除去後の拡大

関数の説明

cv::inpaint

指定された画像内の領域を近傍画像から修復します。

形式

```
void cv::inpaint( InputArray src, InputArray inpaintMask,
                  OutputArray dst, double inpaintRadius, int flags )
```

引数

src	入力画像（行列）です。8ビットでシングルチャンネルあるいは3チャンネルです。
inpaintMask	8ビットでシングルチャンネルの修復マスク画像です。0以外のピクセルが修復対象です。
dst	出力画像（行列）です。入力画像（行列）と同じサイズ、同じデータ型です。
inpaintRadius	修復される点周りの円形の近傍領域の半径です。
flags	修復手法です。以下のいずれかです。

INPAINT_NS	ナビエ・ストークス (Navier-Stokes) ベースの手法。
INPAINT_TELEA	Alexandru Telea による手法。

説明

この関数は選択された画像領域を、その領域境界付近のピクセルを利用して再構成します。この関数はデジタル化された写真から汚れや傷を除去したり、静止画や動画から不要な物体を除去するのに利用されます。

8.3 ノイズ除去

本プログラムは、先のプログラムと同様にマスク画像を使ってオブジェクトを除去します。先のプログラムと違って、マスク画像は自身で自動的に生成します。オブジェクト除去と記述しましたが、どちらかというと画像のノイズを除去するのに適しています。以降に、ソースリストの一部を示します。

リスト 8.3 ● ¥08objects¥Sources¥repareDamage.cpp

```
        ⋮
        if (argc > 2)
            save = getvWriter(output, capture);

    Mat mask, gray;

        namedWindow(input);
        namedWindow(output);

        while (true)
        {
            capture >> src;
            if (src.empty()) break;

            cvtColor(src, gray, COLOR_RGB2GRAY);
                //equalizeHist(gray, mask);
                //threshold(mask, mask, 250, 255, THRESH_BINARY);
            threshold(gray, mask, 235, 255, THRESH_BINARY);
            dilate(mask, mask, Mat());
            inpaint(src, mask, dst, 3, INPAINT_TELEA);

                //imshow("gray", gray);
```

```
                //imshow("mask", mask);

            imshow(input, src);
            imshow(output, dst);

            if (save.isOpened())
                save << dst;

            if (waitKey(wait) >= 0) break;
        }
            ⋮
            ⋮
```

　このプログラムは、カメラまたはファイルから取り出した動画に含まれるノイズを自動で除去します。ノイズの除去は、除去したいオブジェクトの近傍から補完します。先のプログラムと違い、本プログラムはマスク画像を自動生成します。この例はノイズが高い輝度を持つ例です。まず、入力動画をグレイスケールへ変換します。そして、dilate関数でマスク部分を膨張させます。そして、threshold関数で、輝度が特定の定数を超えていたら0以外へ、特定の定数以下なら0へ設定します。この例では、特定の定数に235を採用し、これを超えたら255へ、それ以下なら0に設定します。

　入力動画の傾向によって、グレイスケール後equalizeHist関数で画像のヒストグラムの均一化を行う、あるいはthreshold関数の値を変更すると良いでしょう。ノイズの輝度値が低い場合は、dilate関数をerode関数へ変更し、threshold関数の結果も逆になる引数に変更すると良いでしょう。

　以降に実行例を示します。左が入力動画、右がノイズ除去後の動画です。

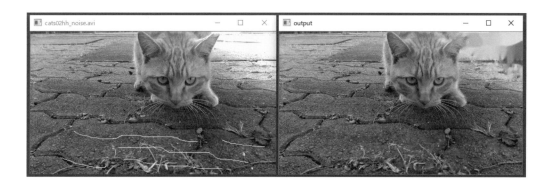

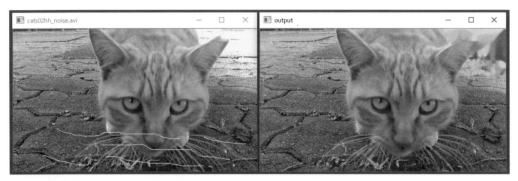

図8.5●実行例

8.4 オブジェクト検出

　動画に含まれる、ある特定のオブジェクトをリアルタイムに検出するプログラムを紹介します。どのオブジェクトを検出するかは、引数で決定します。カメラだけでなく動画ファイルも対象とします。以降に、処理の概念図とソースリストを示します。

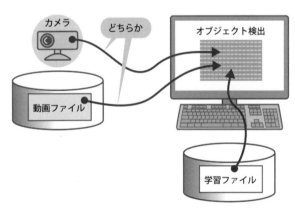

図8.6●プログラムの概要

リスト 8.4 ● ¥08objects¥Sources¥detectObjects.cpp

```cpp
    ⋮
int main(int argc, char* argv[])
{
    try
    {
        string input = "camera", detector, output = "output";
        VideoCapture capture;
        VideoWriter save;
        Mat src, dst, gray, equalize;
        int wait = 1;

        if (argc < 3)
            throw "parameter error, see below:¥n"
            "   <input|camera> <detector> [output]";

        input = argv[1];
        detector = argv[2];

        if (input.compare("camera") == 0)
            capture = VideoCapture(0);
        else
        {
            capture = VideoCapture(input);
            wait = 33;
        }
        if (!capture.isOpened())
            throw "input not found!";

        CascadeClassifier objDetector(detector); // create detector

        if (argc > 3)              // output
        {
            output = argv[3];
            save = getvWriter(output, capture);
        }

        namedWindow(input);
        namedWindow(output);

        while (true)
        {
            capture >> src;
```

```
            if (src.empty()) break;

            cvtColor(src, gray, COLOR_RGB2GRAY);
            equalizeHist(gray, equalize);

            vector<Rect> objs;                      // search objects
            objDetector.detectMultiScale(equalize, objs,
                1.2, 2, CV_HAAR_SCALE_IMAGE, Size(30, 30));

            dst = src.clone();
            vector<Rect>::const_iterator it = objs.begin();
            for (; it != objs.end(); ++it)
            {
                rectangle(dst, Point(it->x, it->y),
                    Point(it->x + it->width, it->y + it->height),
                    Scalar(0, 0, 200), 2, CV_AA);
            }

            imshow(input, src);
            imshow(output, dst);

            if (save.isOpened())
                save << dst;

            if (waitKey(wait) >= 0) break;
        }
        ︙
```

　このプログラムは、カメラまたはファイルから取り出した動画に含まれるオブジェクトを検出します。顔検出や、いろいろなオブジェクト検出に必要な学習ファイルはOpenCVに含まれています。本プログラムは、これらのオブジェクト検出に必要な学習ファイルを引数で渡すことによってオブジェクトを検出します。オブジェクト検出用の学習ファイルは、OpenCVをインストールしたフォルダーのsources/data/haarcascadesフォルダーなどに含まれます。

```
detectObjects    ファイル名または'camera'    学習ファイル    [出力ファイル名]
```

　まず、引数の数をチェックし、引数が不足したら例外をスローします。次に、カメラもしくは動画ファイルから映像を得るためにVideoCaptureオブジェクトcaptureを生成しま

す。第1引数が「'camera'」なら、デバイス番号0を指定してVideoCaptureオブジェクトcaptureを生成します。そうでない場合、第1引数を指定してVideoCaptureオブジェクトcaptureを生成します。カメラもしくは動画ファイルが見つからない場合、captureのオープンは失敗します。カメラもしくは動画ファイルが見つからない場合、例外をスローします。入力源がカメラ以外の場合、ループのタイミングを調整するwait変数に30fpsとなるように33を設定します。

次に、物体検出のためのカスケード分類器であるCascadeClassifierオブジェクトobjDetectorを生成します。引数には、コマンドラインの引数で渡された、OpenCVに含まれるオブジェクト検出に必要な学習ファイルを指定します。

whileループへ入る前に、namedWindow関数でウィンドウを作成します。ループに入ったら、captureオブジェクトから1フレーム取り出しMatオブジェクトsrcへ格納します。captureオブジェクトから1フレーム取り出した後、フレームが空でないか検査します。これは、ファイルを処理しているときに、ファイルの終端に達したときの判断に使用します。オブジェクト検出に用いる画像は、輝度平滑化を行います。そのため、読み込んだ画像を、cvtColor関数でグレイスケールへ変換します。そしてequalizeHist関数を使用し、輝度平滑化後の画像をMatオブジェクトequalizeへ求めます。オブジェクト検出用の画像が用意できたので、CascadeClassifierオブジェクトのdetectMultiScaleメソッドを使用し、画像に含まれるオブジェクトを検出します。検出したオブジェクトの周りを囲むようにrectangle関数で枠を描きます。この枠を描いた画像と、入力の画像をimshow関数で表示します。以降の処理はこれまでと同様です。

以降に、実行例を示します。紙面に顔を出してもよいという人が近辺にいなかったため、写真を画面に写し、それをカメラで撮影しながら顔検出してみます。その様子を示します。

図8.7 ●動作概念図

以降に実行例を示します。左が入力動画、右がオブジェクト検出後の動画です。まず、オブジェクト検出に必要な学習ファイルとして、OpenCV インストールフォルダー以下の sources¥data¥haarcascades フォルダーに存在する haarcascade_frontalface_alt.xml を使用した例を示します。

図8.8●実行例（1）

次に、haarcascades¥haarcascade_eye.xml を使用した例を示します。

図8.9●実行例（2）

関数の説明

cv::CascadeClassifier

オブジェクト検出のためのカスケード分類器クラスです。

形式

```
cv::CascadeClassifier::CascadeClassifier( const String & filename )
```

引数

filename　　　ファイル名です。このファイルから分類器が読み込まれます。

cv::CascadeClassifier::detectMultiScale

入力画像中から異なるサイズのオブジェクトを検出します。検出されたオブジェクトは、矩形のリストとして返されます。

形式

```
void cv::CascadeClassifier::detectMultiScale( InputArray image,
        std::vector< Rect > & objects, double scaleFactor=1.1,
        int minNeighbors=3, int flags=0, Size minSize=Size(),
        Size maxSize=Size() )
```

引数

image	CV_8U 型の行列です。ここに含まれる画像からオブジェクトを検出します。
objects	検出されたオブジェクト（矩形）の座標を格納するバッファです。矩形は部分的に元の画像をはみ出していても構いません。
scaleFactor	スケール毎に、画像が縮小される割合を指定します。
minNeighbors	それぞれの候補矩形に対して、何個の近接矩形があればよいかを指定します。
flags	古い cvHaarDetectObjects と同じ意味の引数です。新しいカスケードでは使用されません。
minSize	取り得る最小のオブジェクトサイズです。これより小さなオブジェクトは無視されます。
maxSize	取り得る最大のオブジェクトサイズです。これより大きなオブジェクトは無視されます。

説明

入力画像中から異なるサイズのオブジェクトを検出します。

第9章

応用

9.1 再生速度を変更

　動画ファイルの再生速度を変更するプログラムを紹介します。じっくり動画を観察したい場合や、再生時間の長い動画ファイルを早送りしたいときに便利です。動作の概要を次に示します。

図9.1●動作イメージ

　プログラムは、コンソールアプリケーションです。非常に短いプログラムです。ソースリストを次に示します。

リスト9.1 ● ¥09ouyou¥Sources¥playbackSpeed.cpp

```cpp
#include "../../Common.h"

// get avi Info.
void getAviInfo(VideoCapture capture, int& width, int& height,
    int& frameRate, int& encode, int& numOfFrames)
{
    width = static_cast<int>(capture.get(CAP_PROP_FRAME_WIDTH));
    height = static_cast<int>(capture.get(CAP_PROP_FRAME_HEIGHT));

    frameRate = static_cast<int>(capture.get(CAP_PROP_FPS));
    numOfFrames = static_cast<int>(capture.get(CAP_PROP_FRAME_COUNT));
    encode = static_cast<int>(capture.get(CAP_PROP_FOURCC));
}


int main(int argc, char* argv[])
{
```

```
    try
    {
        string input;

        if (argc != 3)
            throw "parameter error, see below:¥n"
            "    <input> <speed>";

        input = argv[1];
        VideoCapture capture(input);
        if (!capture.isOpened())
            throw "input not found!";

        int width, height, frameRate, encode, numOfFrames;
        getAviInfo(capture, width, height, frameRate, encode, numOfFrames);
        int wait = (int)(1000.0f/ (atof(argv[2])) / (double)frameRate);
        if (wait<1)
            wait = 1;

        namedWindow(input);
        Mat src;
        while(true)
        {
            capture >> src;
            if (src.empty()) break;

            imshow(input, src);

            if (waitKey(wait) >= 0) break;
        }
        destroyAllWindows();
    }
    catch (const char* str)
    {
        cerr << str << endl;
    }
    return 0;
}
```

　このプログラムは、入力動画の再生速度を変更します。再生速度は、本来の再生速度を1.0とする相対値を引数で与えます。引数に与える値が大きいほど再生速度が速くなります。つまり、2.0を与えると、本来の再生速度の2倍になり、10を与えると10倍の速度で再生します。

第 9 章　応用

この値は、小数点以下まで指定できます。以降に、引数について説明します。

---

playbackSpeed　入力ファイル名 1　再生速度

使用例 1

playbackSpeed　foo.avi　2.3

foo.avi を本来の再生速度の 2.3 倍速く再生します。

使用例 2

playbackSpeed　foo.avi　0.5

foo.avi を本来の再生速度の 0.5 倍の速度で再生します。

　このプログラムの要となる処理は、getAviInfo プロシージャでフレームレートを取得し、それと引数から waitKey 関数の待ち時間を算出するところです。待ち時間を算出したら waitKey 関数で設定します。この関数の引数はミリ秒で指定するため、フレームレート 30 で再生するには、「1000 ミリ秒 ÷ 30 = 33 ミリ秒」から、33 を waitKey 関数に指定します。ただしこれは、waitKey 関数のオーバーヘッドを含め、ほかの処理がすべて 0 秒で終了することを前提とした設定です。厳密には「ほかの処理」にかかる時間を除いた値を指定すべきですが、プログラムを簡単にするため、「ほかの処理」に必要とする時間を 0 と仮定します。

　このプログラムでは、再生する動画の本来のフレームレートを基準とする相対的な速度を指定することになっているので、waitKey 関数に指定する値（wait）を次の式で算出します。

```
int wait = (int)(1000.0f/ (atof(argv[2])) / (double)frameRate);
```

　まず、与えられた引数を atof 関数で文字列から浮動小数点数に変換し、その値で 1000.0（ミリ秒）を除算します。さらに、この値をフレームレートで除算し、最後に int 型にキャストします。正確には丸めるべきですが、ここでは単純に小数点以下を切り捨てます。すでに、waitKey 関数以外の処理を 0 秒と考えているため、この誤差は意識する必要はないでしょう。

　実行させると分かりますが、スロー再生は、ほぼ引数に従った結果が得られます。ただし、大きな値を与え早送りを行うと、ある速度以上で飽和します。これは、プログラム内では 0 と

仮定した「ほかの処理」に必要な時間が、再生の速度設定を上げるにつれて無視できなくなるためです。

紙面で実行の様子を示すのは困難なため、実行例は省略します。

9.2 フレーム間の差分抽出

直前のフレームと現在のフレームの差分を表示するプログラムを紹介します。格納ファイルを指定すれば、結果を動画ファイルとして作成します。

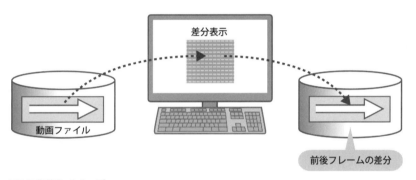

図9.2●動作イメージ

ここで紹介するプログラムの処理を、フィルタ形式の図で次に示します。

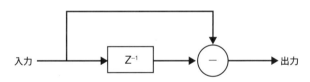

図9.3●フィルタ形式

ソースリストを次に示します。

リスト 9.2 ● ¥09ouyou¥Sources¥frameDiff.cpp

```cpp
#include "../../Common.h"

// get avi Info.
VideoCapture getAviInfo(const string fname, int& width, int& height,
    int& frameRate, int& encode, int& numOfFrames)
{
    VideoCapture capture;

    if (fname.compare("camera") == 0)
    {
        capture = VideoCapture(0);

        frameRate = 30;
        numOfFrames = -1;
        encode = CV_FOURCC_DEFAULT;
    }
    else
    {
        capture = VideoCapture(fname);

        frameRate = static_cast<int>(capture.get(CAP_PROP_FPS));
        numOfFrames = static_cast<int>(capture.get(CAP_PROP_FRAME_COUNT));
        encode = static_cast<int>(capture.get(CAP_PROP_FOURCC));
    }

    width = static_cast<int>(capture.get(CAP_PROP_FRAME_WIDTH));
    height = static_cast<int>(capture.get(CAP_PROP_FRAME_HEIGHT));

    return capture;
}

int main(int argc, char* argv[])
{
    try
    {
        string input = "camera", output = "display";

        if (argc > 1)
            input = argv[1];                    // 引数なしならカメラ

        int width, height, frameRate, encode, numOfFrames;
        VideoCapture capture = getAviInfo(input, width, height, frameRate, encode,
```

```cpp
                                                            numOfFrames);
        if (!capture.isOpened())
            throw "input not found!";

        // set wait
        int wait = (1000 / frameRate) < 1 ? 1 : (1000 / frameRate);

        VideoWriter save;
        if (argc > 2)
        {
            output = argv[2];

            save = VideoWriter(output, encode, frameRate, Size(width, height));
            if (!save.isOpened())
                throw "VideoWriter failed to open!";
        }

        Mat srcOld, srcCur, dst;

        capture >> srcOld;
        namedWindow(output);
        while(true)
        {
            capture >> srcCur;
            if (srcCur.empty()) break;

            subtract(srcOld, srcCur, dst);
            imshow(output, dst);

            srcOld = srcCur.clone();

            if (save.isOpened())
                save << dst;

            if (waitKey(wait) >= 0) break;
        }
        destroyAllWindows();
    }
    catch (const char* str)
    {
        cerr << str << endl;
    }
    return 0;
}
```

このプログラムは、一つ前のフレームと現在のフレームの差分を表示・格納します。引数には、入力ファイルと、出力ファイルを指定できます。以降に、引数について説明します。

```
frameDiff    [入力ファイル名 | camera]    [出力ファイル名]
```

使用例 1

```
frameDiff   foo.avi   bar.avi
```

foo.avi のフレーム間の差分を、bar.avi へ動画として格納します。

使用例 2

```
frameDiff
```

カメラから取得した動画の、フレーム間差分を表示します。

使用例 2

```
frameDiff   camera   bar.avi
```

カメラから取得した動画のノレーム間差分を、bar.avi に動画として格納します。

VideoCapture オブジェクトを取得するため、getAviInfo プロシージャを呼び出します。getAviInfo プロシージャは、VideoCapture オブジェクトを取得するだけでなく各種情報も取得します。プロシージャの引数 fname に「camera」が与えられた場合はカメラを入力源とし、それ以外の場合は動画ファイルを入力源と認識します。このプロシージャは各種情報を呼び出し元に返しますが、カメラからの入力とファイルからの入力では、情報取得の方法が異なります。

getAviInfo プロシージャの呼び出し元は、受け取った VideoCapture オブジェクトを検査し、有効な VideoCapture オブジェクトを受け取れなかった場合は、エラーメッセージを表示してプログラムを終了させます。while ループまでは、これまでのプログラムと同様です。現在のフレームを srcCur に、一つ前（過ぎ去った）フレームを srcOld に保持します。これらを subtract 関数に指定し、結果を dst に得ます。これを表示し、出力ファイルが指定さ

れた場合は、さらにファイルへ書き込みます。たったこれだけで、フレーム間の差分を取り出すことができます。

　実行例を示します。このプログラムは、直前のフレームと現在のフレームの差分を抽出します。そのため、動画の内容に動きがなければ何も表示されません。何らかの動きがあれば、その部分がまるでエッジ強調処理されたような画像を得ることができます。

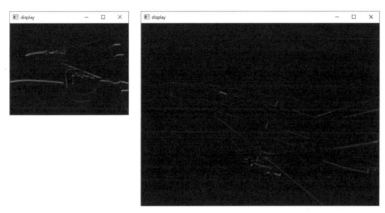

図9.4●実行例

　このプログラムは、動き補償などの検証に応用できるかもしれません。

9.3 静止画から動画を生成

　一つの静止画を動画へ変換するプログラムを紹介します。以降に、動作の概要を示します。

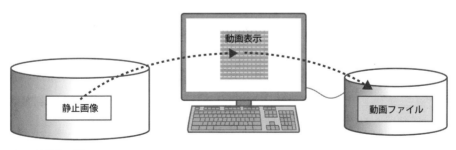

図9.5●動作の様子

第9章 応用

以降に、ソースリストを示します。

リスト 9.3 ● ¥09ouyou¥Sources¥img2avi.cpp

```cpp
#include "../../Common.h"

int main(int argc, char* argv[])
{
    try
    {
        int numOfFrame = 30 * 60;

        if (argc < 3)
            throw "parameter error, see below:¥n"
            "    <input> <output> [num. of frames]";
        if (argc > 3)
            int numOfFrame = atoi(argv[3]);

        string input = argv[1];
        string output = argv[2];

        Mat img = imread(input);
        if (img.empty())
            throw " 画像ファイルが存在しません .";

        VideoWriter save = VideoWriter(output, CV_FOURCC_DEFAULT, 30, img.size());
        if (!save.isOpened())
            throw "VideoWriter failed to open!";

        namedWindow(output);

        while (numOfFrame-- > 0)
        {
            imshow(output, img);
            save << img;

            if (waitKey(33) >= 0) break;
        }
        save.release();
        destroyAllWindows();
    }
    catch (const char* str)
    {
        cerr << str << endl;
```

```
    }
    return 0;
}
```

　このプログラムは、一枚の静止画から、動画ファイルを生成します。動画に対し、ある処理を行うときのデバッグ用動画を作るのに重宝します。以降に、引数について説明します。

```
img2avi    入力ファイル名    出力ファイル名    [ フレーム数 ]
```

使用例

```
img2avi    bar.jpg    foo.avi
```

静止画像 bar.jpg から動画 foo.avi を生成します。

　引数の数が一つしかない場合、例外を発生させメッセージ表示後、プログラムを終了させます。三番目の引数が存在する場合、その値を atoi で変換し、書き込む動画ファイルの総フレームとします。また、動画の長さが指定されていない場合、デフォルトで 60 秒とします。次に、引数で与えられた画像ファイル名を引数に imread 関数で img へ読み込みます。そして、引数で与えられた動画ファイル名を使用し、VideoWriter オブジェクトを生成します。動画の画像サイズは入力の静止画と同じとします。また、フレームレートは無条件に 30 fps とハードコードしました。動画のエンコードは CV_FOURCC_DEFAULT を指定しましたので、使用中にシステムによって決定されます。もし、明示的に指摘したい場合は、VideoWriter::fourcc('M', 'J', 'P', 'G') などと指定すればよいでしょう。どのようなエンコードがあるかは OpenCV の資料を参照してください。ただし、OpenCV の仕様書に書いてあっても、自身の使用中のシステムが当該のエンコードをサポートしているとはかぎりません。一般的には CV_FOURCC_DEFAULT を指定するのが無難です。

　準備ができたので、while ループで、静止画から動画を生成します。単に読み込んだ静止画を 1 フレームとして書き込むだけです。総フレーム数に大きな値を指定して、途中で止めたくなったら、何かキーを押せば途中で終了させることもできます。このプログラムを使用すると、特定の画像を表示し続ける動画を生成することが可能です。特定の動画を作成できますので、実験用の動画を作るのに便利でしょう。

複数の静止画から動画を生成

先のプログラムを拡張し、複数の静止画から動画ファイルを生成するプログラムを紹介します。1.3節「動画を1フレーム単位でディスクへ保存」で紹介したプログラムと逆のことを行います。以降に、動作の概要を示します。

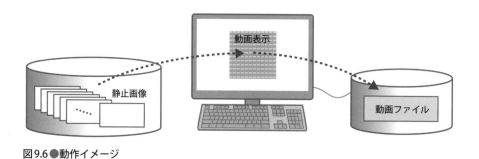

図9.6●動作イメージ

以降に、ソースリストを示します。

リスト 9.4 ● ￥09ouyou￥Sources￥imgs2avi.cpp

```
#include "../../Common.h"

// analyze file name
size_t
anaFname(const string inFname, string& prifix, string& suffix)
{
     ⋮
}

// build new file name
ostringstream buildFname(const string fname, const string prifix,
    const string suffix, const size_t length, const int number)
{
    ostringstream ofname;
    ofname << prifix << setfill('0') << setw(length) << number << suffix;

    return ofname;
}

int main(int argc, char* argv[])
{
```

```
        try
        {
            string prifix, suffix;

            if (argc != 3)
                throw "parameter error, see below:\n"
                "    <file pattern> <output>";

            string input = argv[1];
            string output = argv[2];

            size_t length = anaFname(input, prifix, suffix);
            if (length < 0)
                throw " 画像ファイル形式が不適切です .";

            ostringstream fname = buildFname(input, prifix, suffix, length, 0);
            Mat img = imread(fname.str());
            if (img.empty())
                throw " 画像ファイルが存在しません .";

            VideoWriter save = VideoWriter(output, CV_FOURCC_DEFAULT, 30, img.size());
            if (!save.isOpened())
                throw "VideoWriter failed to open!";

            namedWindow(output);
            int fileNo = 0;
            while (true)
            {
                ostringstream fname = buildFname(input, prifix, suffix, length, fileNo++);
                img = imread(fname.str());
                if (img.empty()) break;

                imshow(output, img);
                save << img;

                if (waitKey(1) >= 0) break;
            }
            destroyAllWindows();
        }
        catch (const char* str)
        {
            cerr << str << endl;
        }
        return 0;
```

```
}
```

　このプログラムは、ファイル名に連番が振られた多数の静止画から、動画ファイルを生成します。入力ファイルの命名規則と画像フォーマットも指定できます。以降に、引数について説明します。

```
imgs2avi    入力ファイル形式    出力ファイル名
```

使用例

```
imgs2avi  bar????.bmp  foo.avi
```

　「????」の部分が、0000 から始まる連番の数字であるようなファイルを入力とします。「?」の個数は連番の桁数になります。この例では、bar0000.bmp、bar0001.bmp、bar0002.bmp、……という名前のファイルを順に取り込みます。連番が途切れた場合は、その時点で動画の作成を中止します。出力ファイルは foo.avi です。

　`anaFname` プロシージャは、2.3 節で紹介したものと同じです。`anaFname` プロシージャは「?」の桁数を返します。`prifix` には「?」が現れる前までの文字列、`suffix` には「?」より後の文字列が格納されます。
　`buildFname` プロシージャは、`anaFname` プロシージャで分解した値を使って連番のファイル名を生成します。
　`main` プロシージャは、引数で与えられた動画ファイル名を使用し、`VideoWriter` オブジェクトを生成します。フレームレートなどの設定は前節と同様です。画像サイズは静止画を一枚だけ読み込み、その値を使用します。
　`while` ループで、静止画から動画を生成します。`anaFname` プロシージャが返した値を `buildFname` プロシージャへ渡し、読み込むべきファイル名を受け取ります。このファイル名を `imread` 関数に指定し、静止画を読み込み、それを動画の一フレームとして書き込みます。
　このプログラムを使用すると、動画の途中に別の画像を滑り込ませる、あるいは、動画にノイズを加えるなど簡単に実験用の動画を作ることができます。

9.4 インターレースノイズ除去

　機器によっては映像がインターレースで録画されます。そのような映像では、動きの速い部分で横方向のギザギザ（コーミングノイズ）が目立って汚い動画になってしまいます。このプログラムは、最も簡単な方法でインターレースノイズ除去を行います。以降に、ソースリストの一部を示します。

リスト 9.5 ● ¥09ouyou¥Sources¥displnterlaced.cpp

```cpp
#include "../../Common.h"

// get avi Info.
void getAviInfo(VideoCapture capture, int& width, int& height,
    int& frameRate, int& encode, int& numOfFrames)
{
    ⋮
}

VideoWriter getvWriter(const string fname, const VideoCapture capture)
{
    ⋮
}

int main(int argc, char* argv[])
{
    try
    {
        string input = "camera", output = "output";
        VideoCapture capture;
        VideoWriter save;
        int frameRate = 30, encode = CV_FOURCC_DEFAULT;

        if (argc > 1)
            input = argv[1];

        if (argc > 2)
            output = argv[2];

        if (input.compare("camera") == 0)
```

```
            capture = VideoCapture(0);
        else
            capture = VideoCapture(input);

        if (!capture.isOpened())
            throw "input not found!";

        if (argc > 2)
            save = getvWriter(output, capture);

        // set wait
        int wait = (1000 / frameRate) < 1 ? 1 : (1000 / frameRate);

        Mat src;
        namedWindow(output);

        while (true)
        {
            capture >> src;
            if (src.empty()) break;

            for (int y = 0; y < src.rows - 1; y += 2)
                src.row(y).copyTo(src.row(y+1));

            imshow(output, src);

            if (save.isOpened())
                save << src;

            if (waitKey(wait) >= 0) break;
        }
        destroyAllWindows();
    }
    catch (const char* str)
    {
        cerr << str << endl;
    }
    return 0;
}
```

　カメラ、またはファイルから1フレームを取り出し、そのフレームの偶数スキャンライン に、奇数スキャンラインをコピーします。インターレースの除去方法には、いろいろな方法が

ありますが、このプログラムでは、最も簡単と思われる方法を採用しました。ノイズは除去されますが、縦方向の解像度を失います。

処理の詳細は、最も簡単な方法と思われる奇数ラインを偶数ラインへコピーする方法を採用します。ライン (y + 1) の情報をライン (y) にコピーしているだけです。注意するのは for ループの回数が少なくなることと、y の増分が 1 ではなく 2 であることくらいです。たったこれだけで、コーミングノイズを除去できます。

ほかにもフレームを二つ作って片方を 1 スキャンラインずらし、不要な部分をクリアして OR するなど、ほかにもさまざまな方法が考えられます。今回のプログラムでは、最も単純と思われる方法を採用しました。

実行例を次に示します。上が入力動画、下がこのプログラム処理後の動画です。

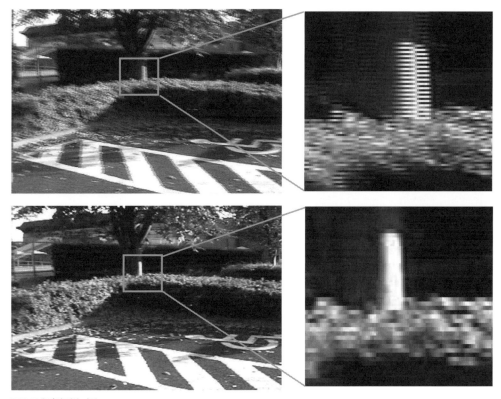

図 9.7 ●実行例（1）

駐車場のゼブラゾーンも拡大して示します。

図9.8●実行例（2）

9.5 立体表示

ここでは、いわゆるアナグリフ方式を利用した立体動画を生成するプログラムを紹介します。まず、1台のカメラを使用する擬似立体動画の表示プログラムを紹介し、次に、2台のカメラを使用する立体動画の表示プログラムを紹介します。

1台のカメラによる疑似立体動画

一つの画像を横方向にずらしてアナグリフ画像を生成するプログラムです。

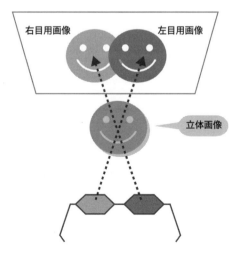

図9.9●動作の原理

ソースリストを次に示します。

リスト 9.6 ● ¥09ouyou¥Sources¥stereo1c.cpp

```cpp
#include "../../Common.h"

int main(int argc, char* argv[])
{
    try
    {
        string input = "camera", output = "anaglyph";
        Mat src, dst;
        vector<Mat> planes;
        const int B = 0;
        const int G = B + 1;
        const int R = G + 1;
        const int X_DELTA = 8;

        VideoCapture capture(0);
        if (!capture.isOpened())
            throw "camera not found!";

        capture >> src;
        if (src.empty())
            throw "camera not works!";

        Rect srcRect(X_DELTA, 0, src.cols - X_DELTA, src.rows);
        Rect dstRect(0, 0, src.cols - X_DELTA, src.rows);

        namedWindow(input);
        namedWindow(output);

        while (true)
        {
            capture >> src;
            if (src.empty()) break;

            split(src, planes);

            Mat inRoi(planes[R], srcRect);
            Mat outRoi(planes[R], dstRect);
            inRoi.copyTo(outRoi);

            inRoi.release();
```

```
            outRoi.release();

            merge(planes, dst);

            imshow(input, src);
            imshow(output, dst);

            if (waitKey(1) >= 0) break;
        }
        destroyAllWindows();
    }
    catch (const char* str)
    {
        cerr << str << endl;
    }
    return 0;
}
```

　このプログラムは、カメラから取り出した動画を擬似的に立体化します。ただし、1台のカメラで取り込んだ画像を左右の目にあわせてずらして合成するため、正確には奥行を表現できません。

　このプログラムの表示を観察するには、赤青色眼鏡が必要です。本来なら青の代わりにシアン系を使うべきですが、文具店で入手できるセロファン用紙で簡単に作成できるので、赤青色眼鏡を使用します。

　前準備ができたらwhileループに入ります。まず、1フレームをsrcに読み込みます。このsrcをsplit関数で各色成分へ分離します。

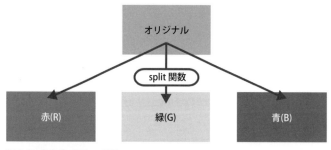

図9.10 ● 各色成分へ分離

　そして、右目用の赤成分の画像に対して、rectでROIを設定し位置をずらします。このプ

ログラムの主な処理は、右目用の赤成分だけを、元画像から左にずらす点です。分離した赤成分のみにROIを用いて、二つのサブマトリックスinRoiとoutRoiを宣言します。各サブマトリックスの様子を図9.11に示します。

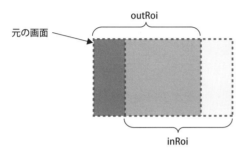

図9.11●各サブマトリックスの様子

次に、赤成分の画像を横にずらします。そして、inRoiオブジェクトのcopyToメソッドで赤成分だけ位置を変えてコピーします。

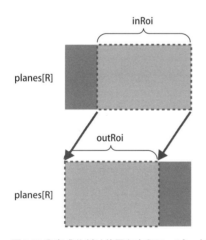

図9.12●赤成分だけ位置を変えてコピーする

最後に、ずらした赤成分と、ほかの色成分をmerge関数で合成します。

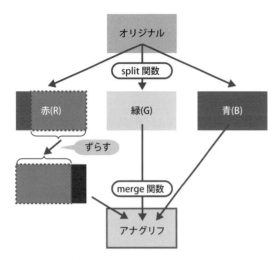

図9.13 ●各色成分を合成

　これで、疑似立体動画を作り出します。観察は眼鏡を使って行ってください。
　眼鏡は、厚紙を適当に切り抜いてセロファン用紙を貼っただけの、簡単なもので問題ありません。青と赤のセロファン用紙は文房具屋などで購入できます。筆者が購入したものは、大きなセロファンが色ごとに 10 枚程度入ったもので、価格は 80 円でした。一つの眼鏡に使用するセロファン用紙は僅かです。手元に余っている厚紙とセロファン用紙を使えば、100 円程度で多数の眼鏡を作ることができます。作成した眼鏡を次に示します。

図9.14 ●簡易 3D 眼鏡

　以降に実行例を示します。左が入力動画、右がアナグリフの動画です。なお、長時間画面を凝視すると、目が疲れたり気分が悪くなることもあるので気を付けましょう。

図9.15●実行例

　2台のカメラを使用する場合とは違って、ずれが物体の遠近と相関関係を持たないため、奥行きは表現できません。ただ、動画を見ながら頭を左右に振ると、物体が見る方向によって動くのが分かります。

　観察には若干のコツが必要です。無理に画面に焦点を合わせようとすると、なかなか立体的に見えません。ぼんやり眺めていると、立体的に見えます。

2台のカメラによる立体動画

　カメラ2台を使用し、立体動画を表示するプログラムを紹介します。リスト9.6のプログラム同様、アナグリフ方式を適用します。カメラ2台を使用すると、遠近感が明確に表現できるため、ディスプレイから物体が浮き上がったように見えます。しかし、パソコンに接続した2台のカメラを、左右に正確に配置するのは至難の業です。ケーブルに引っ張られますし、それぞれのカメラを左右、前後、傾きを均一に保つのは容易ではありません。動作させる場合、2

台のカメラを、なるべく正確に左右に配置してください。そしてアナグリフは所詮疑似的な立体化ですので、対象物や眼鏡カメラの組み合わせで、それほど立体的に感じられない場合もあります。以降にカメラを並べた様子や、対象物とカメラの配置を示します。

図9.16●2台のカメラや対象物の様子

以降に、ソースリストを示します。

リスト 9.7 ● ¥09ouyou¥Sources¥stereo2c.cpp

```cpp
#include "../../Common.h"

#define SWAP(type,foo,bar) {type tmp=foo; foo=bar; bar=tmp;}

int main(int argc, char* argv[])
{
    try
    {
        string inLeftTtl = "左目", inRightTtl = "右目";
        string outTtl = "anaglyph";
        Mat src[2], dst;
        vector<Mat> planesRight, planesLeft;
        VideoCapture capture[2];
        int leftCam = 0, rightCam = 1;
        const int B = 0;
        const int G = B + 1;
        const int R = G + 1;
        const int X_DELTA = 8;

        for (int i = 0; i < 2; i++)
        {
            capture[i] = VideoCapture(i);           // 映像取得（カメラ映像）
```

```cpp
            if (!capture[i].isOpened())
                throw "camera not found!";

            capture[i].set(CAP_PROP_FRAME_WIDTH, 800);
            capture[i].set(CAP_PROP_FRAME_HEIGHT, 600);
        }

        for (int i = 0; i < 2; i++)
            capture[i] >> src[i];

        // サイズチェック
        if (src[0].size() != src[1].size())
            throw " カメラの解像度が異なります !!!";

        namedWindow(inLeftTtl);
        namedWindow(inRightTtl);
        namedWindow(outTtl);

        cout << "¥'r¥' を入力すると左右の画像を入れ替えます ." << endl;
        cout << " ほかのキーを押すと、プログラムは終了します ." << endl;

        while (true)
        {
            // 1 フレーム取得
            capture[leftCam] >> src[leftCam];
            capture[rightCam] >> src[rightCam];

            // RGB 分離
            split(src[leftCam], planesLeft);
            split(src[rightCam], planesRight);
                //split(src[leftCam], planesRight); //DEBUG

            vector<Mat> planes;
            planes.push_back(planesRight[B]);
            planes.push_back(planesRight[G]);
            planes.push_back(planesLeft[R]);
            merge(planes, dst);

            imshow(inLeftTtl, src[leftCam]);
            imshow(inRightTtl, src[rightCam]);
            imshow(outTtl, dst);

            int c = cvWaitKey(1);
            if (c < 0)
```

```
                continue;
            if (c == 'r')
                SWAP(int, leftCam, rightCam)            // 左右交換
            else
                break;                                  // 終了
        }
        destroyAllWindows();
    }
    catch (const char* str)
    {
        cerr << str << endl;
    }
    return 0;
}
```

　このプログラムはカメラを 2 台使用します。解像度や輝度、色相を揃えるためにも、可能であれば同じ機種を使用してください。2 台のカメラは平行に置いて、正確に同じ方向に向けます。位置がずれないように、適当な土台を用意してそこに固定するとよいでしょう。

　基本的な考えは先のプログラムと同じですが、このプログラムはカメラを 2 台使うため、奥行きまで立体的に表現できます。ただし、高速に動く物体を立体的に観察するのは容易ではありません。

　カメラは必ず 2 台以上接続してください。もし、カメラが 1 台しか接続されていない場合、動作は保証しません。OpenCV には接続されているカメラの台数を得る関数が存在しません。このため、プログラムは接続カメラ台数のチェックは行いません。また、カメラが 3 台以上接続された場合、0 番と 1 番を使用します。通常は、2 台だけ接続した方が良いでしょう。

　for ループでカメラからのキャプチャ準備を行います。VideoCapture のコンストラクタに for 文のインデックスを与えオブジェクトを生成します。どちらかをオープンできなかった場合、例外をスローしプログラムを終了させます。正常に VideoCapture オブジェクトを生成できたら、VideoCapture オブジェクトの set メソッドでカメラの解像度を設定します。これは、両方のカメラの解像度を同じ値にするためです。ただ、指定した値が必ずしも正確にカメラに設定されるとはかぎりません（5.1 節「カメラ解像度検査」の記述参照）。そのような場合は、ほかの解像度を試してください。

　次に、両方のカメラから src 配列に左右の 1 画像を取り込み、両方の画像サイズが同じであるかチェックします。サイズが異なる場合は、例外をスローしプログラムを終了させます。

　カメラの接続法などによって、カメラと左右の対応が一致するとはかぎりません。そこで、

ループに入る前に、カメラの表示を入れ替える操作についての案内メッセージを表示します。カメラとウィンドウの対応が分からなくなった場合は、どちらかのカメラの前に指などを映して、指が写ったカメラとウィンドウのタイトルが一致するか確かめてください。このプログラムでは、キーボードのRキーを押してカメラの画像を入れ替えられるようにしています。物理的にカメラを入れ替えても構いませんが、位置決めなどをやり直す手間を考えて、このような機能を組み込みました。

さて、while 文でループに入ります。まず、それぞれのカメラから1フレームを取得し、それぞれを split 関数で各色成分に分解します。そして、左右を意識しながら再度マージします。ここでの分解とマージの詳細については、次の図とソースコードを参照してください。

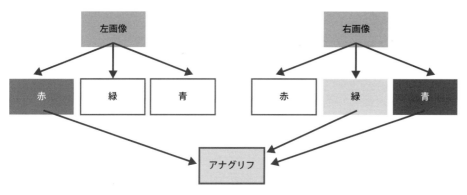

図9.17 ●色成分の分解とマージ

これで、立体動画を作り出します。2台のカメラによる映像のずれが物体の遠近と相関関係を持つため、立体化が強調されます。実行画面を次に示します。正常に表示している例を示します。カメラを2台使用したため、奥行きを感じ、物体が立体的に見えます。

第 9 章　応用

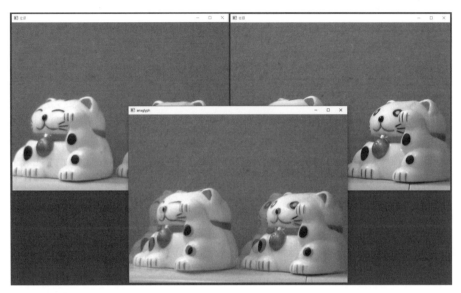

図9.18 ● 実行例

　カメラの左右が逆になったときは、キーボードの R キーを押すと、左右の画面が入れ替わります。カメラとウィンドウの対応はウィンドウタイトルで確認できます。
　対象物を変更した例も示します。

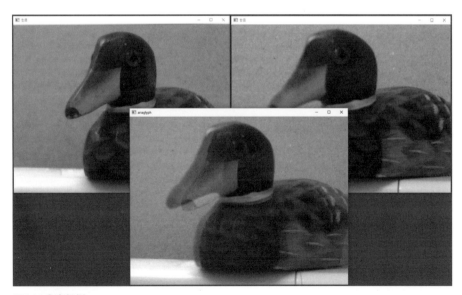

図9.19 ● 実行例

正常に処理が行われたときのコンソールの様子を示します。画像入れ換えのメッセージも表示されています。

```
C:¥>stereo2c
'r'を入力すると左右の画像を入れ替えます
ほかのキーを押すと、プログラムは終了します．
```

カメラが二台以上接続されていなかった例も示します。

```
C:¥>stereo2c
camera not found!
```

以降に複数の実行例を示します。

図9.20●複数の実行例

付録

付録 A　Visual Studio のインストール

付録 B　OpenCV のインストール

付録 C　環境の設定

付録 D　CMake のインストール

付録 E　OpenCV をビルド

Visual Studio のインストール

　本書で紹介するプログラムは、最新の Visual Studio でなくても構いません。古い Visual Studio を使用中の人は、古いものでも問題ありません。新しく Visual Studio を導入する人のために、Visual Studio Community 2017 のインストールについて簡単に解説します。

　Visual Studio Express 2013 や Visual Studio Community 2015 などを使用中の人は本節を読み飛ばしてください。Visual Studio のインストールは簡単であり、普遍的なものでないため書籍に掲載するような内容ではないでしょう。ダウンロードサイトの URL や、その内容も日々変化しますので、書籍に記載するのは不適当と思われるときもあります。ただ、初心者は右も左も分かりませんので、一例として参考にする目的で簡単に説明します。

A.1　Visual Studio Community 2017 のインストール

　本書は主に Visual Studio Community 2017 を使用します。現実の開発現場では、現在の資産との関係で一世代あるいは二世代古いバージョンを使用するのはよくあることです。なお、古いバージョンの Visual Studio は、新しいバージョンで開発したプロジェクトを読み込めない場合があります。そのような場合は、自身でプロジェクトを作ってください。新しいバージョンの Visual Studio は、古いバージョンで開発したプロジェクトを読み込める場合が多いです。

　ここでは、執筆時点の最新バージョンである、Visual Studio Community 2017 のインストールについて簡単に解説します。まず、マイクロソフト社のウェブサイト（https://www.visualstudio.com/ja/vs/）を開きます。「Visual Studio のダウンロード」にマウスカーソルを合わせるとドロップダウンが現れますので「Community 2017」を選択します。

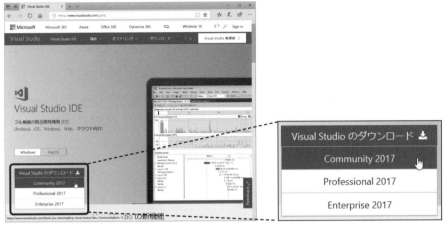

図A.1 ● Visual Studio Community 2017のインストール①

　ブラウザによって表示は異なりますが、ブラウザ下部にインストールの表示が行われます。ここでは、「実行」をクリックし、インストーラを起動します。

図A.2 ● Visual Studio Community 2017のインストール②

　しばらくしてインストールの準備が整うと、ライセンス条項へ同意するか問い合わせるダイアログボックスが現れます。ライセンス条項へ同意すると、インストールが始まります。

図A.3 ● Visual Studio Community 2017のインストール③

　しばらくすると、以降に示す画面が現れます。ここではC++しか使用しませんので、そのボックスを選択します。

付録

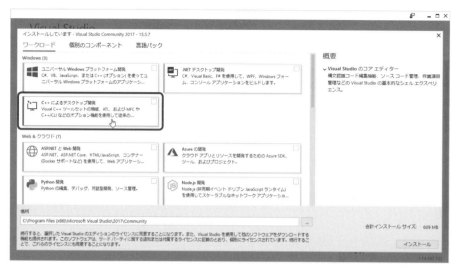

図A.4 ● Visual Studio Community 2017のインストール④

　すると、右側にインストールする項目が現れます。本書で紹介するプログラムの開発はデフォルトの設定で構いません。もし、ほかにインストールしたいものがあるときはチェックボックスにマークを付けてください。デフォルトには不要なファイルも含まれていますが、そのままインストールします。

図A.5 ● Visual Studio Community 2017のインストール⑤

このようにインストールするものを選べますので、不必要なディスク消費回避や、インストール時間の削減を行えます。しばらくインストール作業が続きますので、ほかの作業などをしながら終わるのを待ちましょう。

図A.6●Visual Studio Community 2017のインストール⑥

インストールが終わると、パソコンの再起動が求められる場合もありますので、そのようなときは再起動します。再起動は、環境やVisual Studioのバージョンによっては求められず、すぐにVisual Studioを起動できる場合もあります。案内メッセージに従って操作してください、ここではパソコンを再起動します。

図A.7●パソコンを再起動

パソコンを再起動したら、スタートメニューから「Visual Studio 2017」を選択します。するとVisual Studioが起動し、サインインを求められますが「後で行う」をクリックしましょう。サインインは後で行っても構いません。もちろん、アカウントを持っているならサインインし

ても構いません。すぐに、「開発設定」や「配色テーマの選択」ダイアログが現れます。自分の好みの設定を行ってください。ここでは何も変更せず「Visual Studio の開始」をクリックします。

図A.8 ● Visual Studio Community 2017 の起動

しばらくするとスタートページが現れます、これで Visual Studio Community 2017 が使用できるようになります。

図A.9 ● Visual Studio Community 2017 のスタートページ

以上で、Visual Studio Community 2017 のインストールは完了です。

　しばらく Visual Studio Community は無償で利用できますが、アカウントを作成しサインインしないと、一定期間後に利用が制限されます。メールアドレスとパスワードを用意してマイクロソフト社用のアカウントを作成するとよいでしょう。Visual Studio Community を無償で利用できる期間の終わりが迫ると案内が表示されますので、それに従ってアカウントを作成しましょう。もちろん、すでにアカウントを作成済みであれば、そのアカウントを利用できます。あるいは使用期限が迫る前に、早めにアカウントを作成するのもよいでしょう。

付録

OpenCV の
インストール

　OpenCVのインストールについては、ウェブサイト（http://opencv.org/）などを参照してください。これらのサイトを参照すれば、特に問題なくインストールできるでしょう。ただ、それでは不親切なので、ひと通りOpenCVのインストールについて解説します。

　まず、上述のOpenCV公式ウェブサイトを開き、最新版のダウンロードのリンクをクリックします。

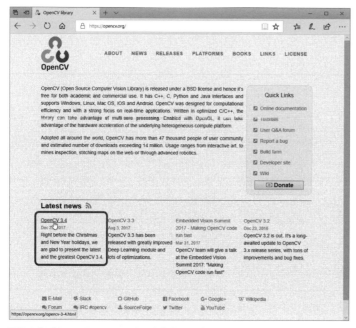

図B.1 ●「OpenCV 3.4」のリンクをクリック

　ページが切り替わったら、「Download」の項目でダウンロード先を選択します。

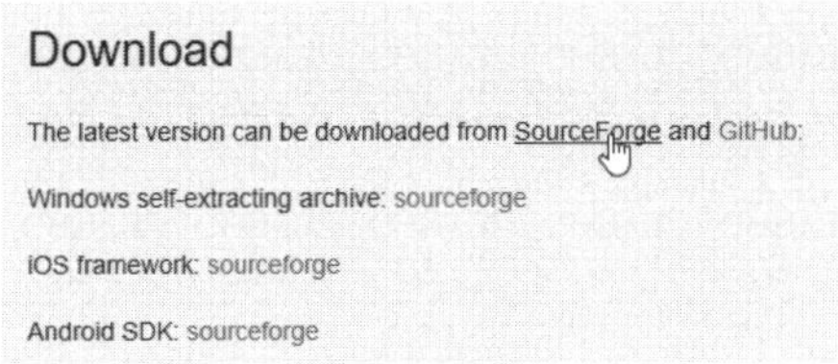

図B.2 ● ダウンロード先を選択

　ここでは、SourceForge を選択したため当該ページが表示されます。［Download］を選択します。

図B.3 ●［Download］を選択

　「保存」を選ぶとインストールファイルがダウンロードされます。ここでは「保存」は選ばず「実行」を選び、直接インストールします。ファイルを保存し、ダウンロードしたexeファイルをダブルクリックして、インストールすることも可能です。

図B.4 ●「実行」を選択

　インストールが始まると、セキュリティの警告画面、またはユーザーアカウント制御画面が表示される場合があります。その時は、［実行］もしくは［許可］をクリックするとOpenCVのインストールが始まります。このインストーラですが通常と違い、指定されたフォルダーにOpenCVに関するファイルを展開するだけです。このため、OpenCV環境の移動や、ほかのコンピュータに設定するのは非常に簡単です。単に展開したファイルをコピー・移動するだけで

す。インストールが始まると、ファイルの展開先を訊ねるダイアログが表示されます。

図B.5 ●展開先を訊ねるダイアログ

標準のままでも構いませんし、別の場所を指定しても構いません。前述の通りOpenCVは移動可能なので、インストール後にフォルダーをリネームすることや、フォルダー全体を移動するのも簡単です。インストール先を参照するには［...］をクリックします。ここでは、Cドライブのルートに置くこととします。

図B.6 ●展開先を指定

［Extract］ボタンをクリックすると、自動的に解凍が始まります。

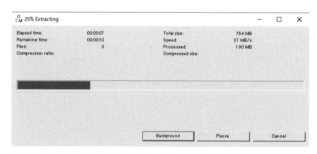

図B.7 ●解凍時進行状況ダイアログ

環境設定

インストールプログラムは、単なる自己解凍形式のプログラムであるのは説明した通りです。この方法は、非常に単純で、システムに変更を加えないためポータビリティに優れた方法です。ただし、ライブラリファイル、インクルードファイル、および実行時に必要なファイルの存在を、Visual StudioやWindowsへ教える作業を自身で行う必要が生じます。

この例では「C:¥」に「opencv」というフォルダーが作成され、その中に OpenCV のファイル一式が格納されます。これで、OpenCV のインストールは完了です。

付録 C 環境の設定

大げさに環境設定と書きましたが、Visual Studio へ OpenCV のインクルードファイルやライブラリファイルの在所を教えること、そして実行時に必要なファイルの在所を教えるだけです。

C.1 Visual Studio の設定

プログラムをビルドするときに必要となるインクルードファイルとライブラリの在所を設定する方法を解説します。設定を行うには、プロジェクトを開きます。自分で作ったプロジェクトでも、本書で解説しているプロジェクトでも構いません。本作業はプロジェクトを開いた状態で行います。いずれにしても、何かプロジェクトを開いた状態で行ってください。

①プロジェクトプロパティの表示

まず、プロパティページを表示させます。プロジェクトを選択した状態でメニューから［プロジェクト▶プロパティ］を選択するか、ソリューションエクスプローラーでプロジェクトを選択し、右クリックメニューから［プロパティ］を選択します。

②インクルードディレクトリ位置の設定

最初に、構成を「すべての構成」へ変更します。そして、「C/C++」→「全般」→「追加のインクルードディレクトリ」へ「C:¥opencv¥build¥include」を設定します。これは、OpenCV のインストールで説明したように OpenCV を「C:¥opencv」へインストールしたことを前提とします。一般的に記述すると「*(OpenCV をインストールしたディレクトリ)¥build¥include*」です。

図C.1 ● インクルードディレクトリ設定

③ライブラリディレクトリの設定

次に、「リンカー」→「追加のライブラリディレクトリ」へ「C:¥opencv¥build¥x64¥vc15¥lib」を入力します。これで、OpenCVのプログラムをビルドする設定が完了です。

図C.2 ● ライブラリディレクトリ設定

これは64ビットのプログラム（x64）を開発するときであり、32ビット対応のプログラム（x86）を開発する場合、「C:¥opencv¥build¥x86¥vc15¥lib」を入力します。また、Visual Studio

2017ではなく、Visual Studio 2015を使用したい場合、vc15の部分をvc14へ変更してください。

この方法は、プロジェクトごとに毎回指定が必要です。これを回避するにはテンプレート的なプロジェクトを作成しておき、テンプレートプロジェクトをコピーして新しいプロジェクトを作成すると良いでしょう。

OpenCV のビルド

OpenCV のバージョンによっては、32 ビットバージョンのバイナリは含まれない場合があります。そのような場合は OpenCV を自身でビルドしてください。OpenCV のビルドについては後述します。また、自身の使用している Visual Studio バージョンのバイナリが含まれるとはかぎりませんので、そのような場合も自身で OpenCV をビルドしなければなりません。

C.2　実行時のパス

環境変数 PATH に、プログラム実行に必要な DLL の所在を知らせます。OpenCV 3.4 には 32 ビットのバイナリが含まれていないので、今回は 64 ビットのプログラムで説明を進めます。プログラムを実行するには、環境変数 PATH に「C:\opencv\build\x64\vc15\bin」を追加します。これを忘れると、プログラムを実行したときに DLL が見つからない旨のメッセージが表示される場合があります。

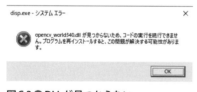

図 C.3 ● DLL が見つからない

パスの設定をコンソールで行う場合、以下のようなコマンドを入力します。

```
set path=C:\opencv\build\x64\vc15\bin;%PATH%
```

毎回入力するのは面倒ですので、環境変数を編集すると便利です。以降に、Windows 10、8、7の場合をそれぞれ示します。

Windows 10 の場合

スタートメニューから「Windows システム ツール」の「コントロール パネル」を開き、「システムとセキュリティ」、「システム」を順番に選択するか、または［Windows］＋［Pause/Break］を押すと、「システム」が表示されます。そこで「システムの詳細設定」を選択します。

図C.4 ●「システムの詳細設定」を選択

「システムのプロパティ」が現れるので、［環境変数］ボタンを押します。

図C.5 ●［環境変数...］ボタンを押す

「環境変数」ダイアログの下部に表示される「システム環境変数」の「Path」を選択した状態で、［編集 (I)...］ボタンを押します。

図C.6 ●　［編集 (I)...］ボタンを押す

「システム変数の編集」ダイアログが現れるので、「変数値」の最後にDLLが存在するディレクトリを指定します。

図C.7 ●システム変数の編集

実行時パスの設定方法は、ほかにもいろいろありますので、自身の慣れた方法を使用してください。

設定が有効になるのはいつ
システム環境変数を変更した場合、使用中のプログラムは一旦終了させ、再起動してください。例えば、コマンドプロンプトを使用中に環境変数を変更した場合、いったんコマンドプロンプトを閉じ、再度開いてください。set コマンドを使用した場合は、この限りではありません。

Windows 8 の場合

Windows 10 での手順と大きな違いはないため、簡単に文章で説明します。

(1) ［Windows］+［I］キーなどで「設定」を表示させ、「PC 情報」を選択します。
(2) すると「システム」が現れますので、「システムの詳細設定」を選択します。
(3) 「システムのプロパティ」が現れますので、［環境変数］ボタンを押します。
(4) 「環境変数」ダイアログの下部に表示される「システム環境変数」の「Path」を選択した状態で、［編集 (I)...］ボタンを押します。
(5) 「システム変数の編集」ダイアログが現れますので、「変数」の最後に DLL が存在するディレクトリを指定します。入力は、以前指定されたパスの区切りに使う「;」が必要なため、ディレクトリの入力に先立ち「;」を入力します。

Windows 7 の場合

Windows 10 での手順と大きな違いはないため、簡単に文章で説明します。

(1) コントロールパネルの「システムとセキュリティ」→「システム」→「システムの詳細設定」をクリックして「システムのプロパティ」ウィンドウを表示します。
(2) 「詳細設定」タブのページを開き、［環境変数］をクリックして「環境変数」ウィンドウを表示します。
(3) 「システム環境変数」の「Path」に、既に説明した DLL が存在するディレクトリを追加します。

システム環境変数を肥大化させたくない

システム環境変数を肥大化させたくない場合は、コンソールを開くたびに次のコマンドを入力し、OpenCVのパスを設定してください。以降に64ビットプログラムを実行したい場合の例を示します。「%PATH%」は、これ以前のPath環境変数の内容です。%PATH%の指定を忘れるとほかの指定が無効になりますので、必ず入力してください。

```
C:\> set path=C:\opencv\build\x64\vc15\bin;%PATH%
```

付録D CMake のインストール

OpenCV が用意しているバイナリを使用する場合、本作業は必要ありません。

OpenCV 自体をリビルドするには、CMake をインストールしなければなりません。CMake は、適切な構成の OpenCV のソリューションファイルを生成するのに使用します。OpenCV 用のソリューションファイルを生成するのみであって、OpenCV をビルドするわけではありません。OpenCV をビルドするには、CMake で生成したソリューションファイルを Visual Studio で読み込んでビルドしなければなりません。

Visual Studio で CMake プロジェクト
Visual Studio には CMake プロジェクトを扱う機能が備わっています。しかし、CMakeLists.txt ファイルを編集するなどの知識が必要です。本書では、Visual Studio の CMake 機能は試しません。

ここでは、CMake のインストールについて解説します。CMake は http://cmake.org/ からダウンロードしてインストールします。ウェブサイトを開いたら Download をクリックします。

図D.1 ● Downloadをクリック

すると、各プラットフォームに対応した一覧が現れます。CMake は、ソースコードとバイナリ両方を配布しています。本書ではバイナリしか使用しませんので「Binary distributions」

付録

から選びます。今回は Windows win64-x64 Installer を使用し、直接 CMake をインストールします。これは「Release Candidate」ですので、特に最新が必要なければ、スクロールし「Latest Release」を使用するのが賢明かもしれません。

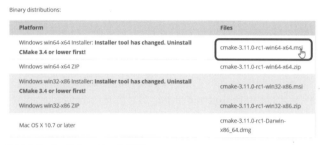

図D.2 ●インストーラーを選択

ブラウザの下部にインストールの表示が現れますので、「実行」を選択し、インストーラを起動します。

図D.3 ●インストーラを起動

インストーラが起動するとセキュリティの警告画面、またはユーザーアカウント制御画面が表示される場合があります。そのときは、［実行］もしくは［許可］を選択すると CMake のインストールが始まります。CMake インストーラが起動するとセットアップウィザードが現れますので、［Next］ボタンをクリックします。

図D.4 ● CMake のセットアップウィザード開始

ライセンス契約書が表示されます。内容を良く読んで、ライセンスに同意するチェックボックスにチェックを付けて、[Next]ボタンをクリックします。

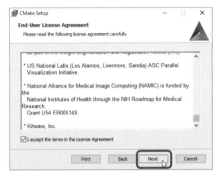

図D.5●ライセンス契約書に同意

　インストールオプション画面が現れます。パスを設定しないにチェックが付いているのを確認して、[次へ]をクリックします。

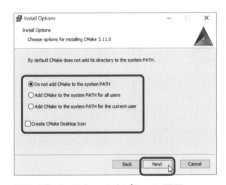

図D.6●インストールオプション画面

　インストール先の指定は、デフォルトを使用します。何も変更せず、[Next]をクリックしてください。

図D.7 ●インストール先の指定

これで準備完了です、インストール画面に切り替わりますので［Install］をクリックしてください。

図D.8 ●「Install」をクリック

これでインストールが始まります。完了するまでしばらく待ちましょう。

図D.9 ●インストール中

しばらくすると、CMakeセットアップウィザードの完了案内が現れます。［完了］ボタンを押して終了させます。

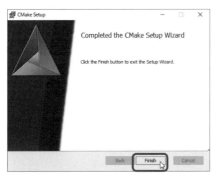

図D.10 ● CMakeセットアップウィザード完了

　これで、CMakeのインストールは完了です。

付録

OpenCVをビルド

　OpenCVが用意しているバイナリを使用する場合、本作業は必要ありません。しかし、OpenCV自体をカスタマイズしたい場合、あるいは自身の使用しているコンパイラ用のバイナリが供給されていない場合などに、OpenCV自体を自身でリビルドすることで解決できます。

　OpenCVのビルドは、CMakeでOpenCV用のソリューションファイルを生成し、それをVisual Studioで開いてビルドするという手順で行います。

E.1　CMakeでソリューションファイルを生成

　まず、CMakeでVisual Studio用のソリューションファイルを生成します。CMakeを起動し、ソースコード側の［Browse Source...］ボタンを押します。

図E.1 ●ソースコード側の［Browse Source...］ボタンを押す

「フォルダーの参照」ダイアログが現れます。OpenCVをインストールしたフォルダーに含まれる「sources」を指定します。

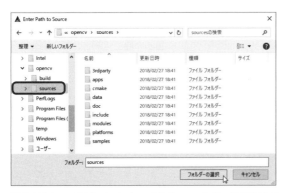

図E.2 ● OpenCVをインストールしたフォルダーを指定する

　次に、ビルド先の［Browse Build ...］ボタンを押します。

図E.3 ● ビルド先の［Browse Build ...］ボタンを押す

「フォルダーの参照」ダイアログが現れます。OpenCV をインストールしたフォルダー内に「newbuild」という新しいフォルダーを作成して、それを指定します。ビルド先のフォルダーは任意ですので、適当な場所・名前を使用できます。

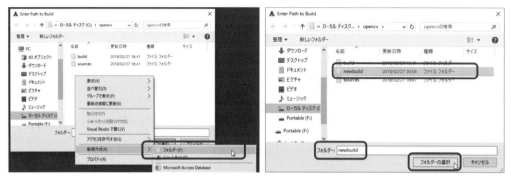

図E.4 ●「newbuild」フォルダーを指定

次に、[Configure] をクリックします。

図E.5 ● [Configure] をクリック

初回の［Configure］クリック時に、対象コンパイル環境の問い合わせ画面が現れます。適切な環境を選択してください。ここで指定するのは、CMake が生成するソリューションファイルの対象コンパイラです。例えば、Visual Studio 2013（32 ビット）でリビルドするなら「Visual Studio 12 2013」を、Visual Studio 2015（64 ビット）でリビルドするなら「Visual Studio 14 2015 Win64」を選びます。ここでは、Visual Studio 2017（64 ビット）を使用するため「Visual Studio 15 2017 Win64」を選択し、［Finish］ボタンを押します。

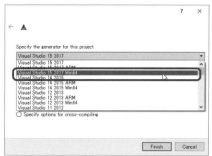

図 E.6 ● 対象コンパイラ

 開発環境とコンパイラの組み合わせ

以降に、使用する開発環境、そして生成するソリューションファイルのビット数による組み合わせを表で示します。

開発環境	ビット数	選択するもの
Visual Studio 2013	32 ビット (x86)	Visual Studio 12 2013
	64 ビット (x64)	Visual Studio 12 2013 Win64
Visual Studio 2015	32 ビット (x86)	Visual Studio 14 2015
	64 ビット (x64)	Visual Studio 14 2015 Win64
Visual Studio 2017	32 ビット (x86)	Visual Studio 15 2017
	64 ビット (x64)	Visual Studio 15 2017 Win64

途中の経過が下のウィンドウに表示されますが、しばらく待たされます。正常に完了すると下部のウィンドウに「Configuring done」が表示されます。真ん中の窓にはビルドオプションが赤く表示されます。必要と思われるオプションはチェックを付け、不要と思われるオプションは外します。オプションの意味が分からない場合、そのままで良いでしょう。今回はopencv_worldを使用したかったため、この項目だけにチェックを付けます。

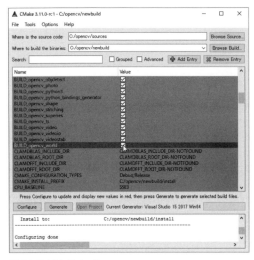

図E.7 ● ビルドオプション

　この状態で再度［Configure］をクリックします。

図E.8 ● 再度［Configure］をクリック

オプションの選択に不都合がなければ、真ん中の赤い表示は消えます。もし、赤く表示される部分が残る場合、チェックボタンを外す、あるいは指定されたフォルダーが間違っていないかチェックしてください。オプションに間違いないことを確認したら、[Generate] をクリックしソリューションファイルを作成します。ソリューションファイルが Generate できた様子を示します。

図E.9 ● ソリューションファイルを作成できた

何か失敗しても、OpenCV 用のソリューションファイルは何回でも生成できます。OpenCV のビルド後に目的のファイルなどが生成されない場合、CMake で設定が間違っている可能性が高いです。何回でもやり直すことが可能ですが、OpenCV のリビルドは比較的時間を要しますので、最初は大きな変更を行わず生成するのが無難でしょう。これで、Visual Studio 用の OpenCV ソリューションファイルが生成されます。

 ビルドをやり直すとき

オプションなどを変更しながら、いろいろな構成でビルドを繰り返す場合があります。そのような場合、[File ▶ Delete Cache] を選択して、キャッシュをクリアすると良いでしょう。コンパイラの指定などもやり直したい場合も、これを行うと、[Configure] クリック時に、対象コンパイル環境の問い合わせ画面が現れますので、コンパイル環境を変更することもできます。

E.2　OpenCVをビルド

CMakeの作業で、「C:¥opencv¥newbuild」に「OpenCV.sln」が生成されています。

図E.10 ●「OpenCV.sln」が生成されている

このファイルをVisual Studio 2017へドラッグするか、Visual Studio 2017から、このソリューションファイルを開きます。OpenCV用のソリューションファイルが生成される場所は、CMakeの［Browse Build ...］ボタンを押して指定した場所です。ですので、どこに生成されるかは使用者の設定によって異なります。

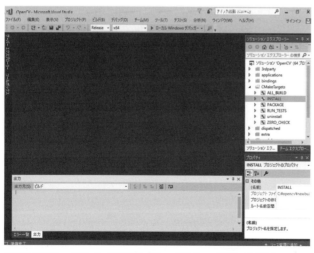

図E.11 ● Visual Studio 2017で「OpenCV.sln」を開いた様子

ソリューションファイルを開いたら、ソリューションエクスプローラーの「CMakeTargets」

→「INSTALL」を選択します。この状態で、マウスの右ボタンをクリックし、［リビルド］を押します。

図E.12●OpenCVをリビルド

しばらく待たされますが、選択したフォルダー内に、「install」フォルダーが生成されます。そのフォルダー配下に「include」や「x64」フォルダーが生成され、ライブラリやdllが格納されます。

図E.13●ライブラリやdllが生成される

以上でOpenCV自体のビルドは完了です。

E.3 32ビットバージョンのOpenCVをビルド

　先のビルドは、CMakeで「Visual Studio 15 2017 Win64」を選択したためx64用のバイナリしか生成されません。ここでは、x86用の生成について説明します。対象コンパイル環境に「Visual Studio 15 2017」を選びます

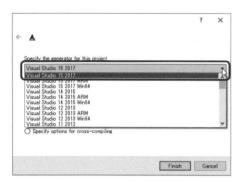

図E.14 ●「Visual Studio 15 2017」を選ぶ

　この状態で［Finish］ボタンを押すと、32ビットバージョンのOpenCVバイナリを生成するVisual Studio 2017用のソリューションファイルが生成されます。生成されたファイルを使ってビルドする方法は、説明した通りです。ただし、生成されるフォルダー名などは一部異なります（x86など）。

参考文献、参考サイト、参考資料

1. 「OpenCV 公式サイト」、http://docs.opencv.org/
2. 「OpenCV 3.4.0-dev documentation サイト」、https://docs.opencv.org/3.4.0/
3. OpenCV ダウンロードファイルに含まれる大量のサンプルやドキュメントなど
4. 「実践 OpenCV」、永田雅人、株式会社カットシステム
5. 「OpenCV で始める簡単動画プログラミング第 2 版」、北山洋幸、株式会社カットシステム
6. 「さらに進化した画像処理ライブラリの定番 OpenCV 3 基本プログラミング」、北山洋幸、株式会社カットシステム

索引

B
bitwise_not() 107

C
calcHist() 85
Canny フィルタ 99
Canny() 100
CAP_PROP_BRIGHTNESS 113
CAP_PROP_CONTRAST 113
CAP_PROP_FOURCC 113
CAP_PROP_FPS 113
CAP_PROP_FRAME_HEIGHT 113
CAP_PROP_FRAME_WIDTH 113
CAP_PROP_HUE 113
CAP_PROP_POS_AVI_RATIO 113
CAP_PROP_POS_FRAMES 113
CAP_PROP_POS_MSEC 113
CAP_PROP_SATURATION 113
CascadeClassifier 189
circle() 178
CMake 239
COLOR_RGB2GRAY 61
convertTo() 26
CV_FOURCC_DEFAULT 9, 22
cvtColor() 26, 62

D
destroyWindow() 24
detectMultiScale() 190
dilate() 103

E
empty() 19
equalizeHist() 64
erode() 105

F
flip() 33

G
get() 2
getPerspectiveTransform() 54
getRotationMatrix2D() 46
goodFeaturesToTrack() 177
grab() 21

I
imshow() 24
imwrite() 25
IMWRITE_JPEG_QUALITY 25
IMWRITE_PNG_COMPRESSION 26
IMWRITE_PXM_BINARY 26
IMWRITE_WEBP_QUALITY 25
inpaint() 181
InputArray 34
INTER_CUBIC 47
INTER_LINEAR 47
INTER_NEAREST 47
IplImage 19
isOpened() 21

L
Laplacian() 98
line() 87

M
Mat .... vi, 19
median フィルタ 90
medianBlur() 94
merge() 80

N
namedWindow() 23

254

索引

O
OpenCV .... iii, 228
OpenCV のビルド 244
OutputArray 34

P
PATH 234

R
read() 21
Reference.Count 19
resize() 149
retrieve() 21
ROI 35

S
set() 113
sobel フィルタ 94
Sobel() 96
split() 81

T
THRESH_BINARY 73
THRESH_BINARY_INV 73
THRESH_TOZERO 73
THRESH_TOZERO_INV 74
THRESH_TRUNC 73
threshold() 71

U
UMat vi

V
VideoCapture 20
VideoWriter 21
Visual Studio 222

W
waitKey() 25
WARP_INVERSE_MAP 54
warpAffine() 46

warpPerspective() 54
WINDOW_AUTOSIZE 3
write() 22

あ
アパーチャサイズ viii
アフィン変換 46
閾値処理 65, 71
色空間の変換 62
色の分離 74
色反転 106
インターレースノイズ 205
ウィンドウの作成 23
ウィンドウの破棄 24
円の描画 178
オブジェクト検出 184, 190

か
カーネルサイズ viii
回転 42
画質 25
カスケード分類器 189
画像 ix
画像管理クラス 19
画像の修復 181
画像の反転 33
画像の表示 24
画像の保存 25
画像補間 47
キー入力 25
輝度平滑化 63
逆再生 140
キャプチャクラス 20
グレイスケール変換 58
コーナーの検出 177
コーミングノイズ 205

さ
再生速度 192
参照カウンタ 19
残像 141

255

実行時パス 234
シャッフル 37
収縮フィルタ 104
スレッショルド処理 65
線分の描画 87

た

動画 ix
動画の一部抽出 122
動画の差分 156
動画のブレンド 160
動画の分割 129, 134
動画の連結 152
透視投影 52
透視変換 54

な

ノイズ除去 182

は

ヒストグラム 85
ヒストグラムの均一化 64
ビデオライタ 21
フリップ 28
フレーム ix
フレーム間差分 195
フレームの書き込み 22
フレームの取り込み 21
プロパティの設定 113
膨張フィルタ 101

ま

マルチチャンネル配列の作成 80
マルチチャンネル配列の分割 81
メディアンフィルタ 90

ら

ラプラシアンフィルタ 97
リサイズ 147
立体表示 208

著者紹介

北山洋幸（きたやま ひろゆき）

　鹿児島県南九州市知覧町出身、富士通株式会社、日本ヒューレット・パッカード株式会社（旧横河ヒューレット・パッカード株式会社）、米国 Hewlett-Packard 社（出向）、株式会社 YHP システム技術研究所を経て有限会社スペースソフトを設立、現在に至る。情報処理学会員。

　メインフレームのシステムソフトウェア開発やコンパイラ開発、そしてメインフレーム用プロセッサシミュレータ開発に携わる。開発したシミュレータは、実際のメインフレーム用プロセッサ開発に供せられた。その後、周辺機の開発へ移行し、初期のパーソナルコンピュータやイメージングシステムの開発を国内外の研究開発部門で担当する。その後、コンサルティング分野に移り、通信・リアルタイムシステム・信号処理・宇宙航空機・電力などのインフラ設計・LSI の論理設計などなど、さまざまな研究に参加する。海外との共同プロジェクトも少なくない。並行して多数の印刷物に寄稿する。独立後はコンサルティングメインで活動したが、自社ブランドの開発キットも開発・販売を行う。

　現在は、本業を減らし、日々地域猫との交流を楽しんでいる。書籍の執筆はペンネーム時代を含め、数十年を経過しているが、もともと文才に難があり良書と言えるものは極僅かである。ただ、何点かは翻訳されており、大学や研究所の選書に指定されたものも少なくない。

主な著訳書

　書籍、月刊誌、辞典、コラム・連載など執筆多数。

　しばしば勘違いされますが、本業はライターではありません。また、コンピュータ関係の開発に携わっていますが、通常の仕事と書籍は直接関係のない分野がほとんどです。

OpenCV で始める簡単動画プログラミング　第 3 版

2010 年 5 月 10 日　　初版　第 1 刷発行
2013 年 8 月 10 日　　第 2 版 第 1 刷発行
2018 年 6 月 20 日　　第 3 版 第 1 刷発行

著　者	北山 洋幸
発行人	石塚 勝敏
発　行	株式会社 カットシステム
	〒 169-0073 東京都新宿区百人町 4-9-7　新宿ユーエストビル 8F
	TEL (03)5348-3850　　FAX (03)5348-3851
	URL　http://www.cutt.co.jp/
	振替　00130-6-17174
印　刷	シナノ書籍印刷 株式会社

本書に関するご意見、ご質問は小社出版部宛まで文書か、sales@cutt.co.jp 宛に
e-mail でお送りください。電話によるお問い合わせはご遠慮ください。また、本書の内
容を超えるご質問にはお答えできませんので、あらかじめご了承ください。

■ 本書の内容の一部あるいは全部を無断で複写複製（コピー・電子入力）することは、法律で認められた
場合を除き、著作者および出版者の権利の侵害になりますので、その場合はあらかじめ小社あてに許
諾をお求めください。

Cover design Y.Yamaguchi　　© 2018 北山洋幸
Printed in Japan　ISBN978-4-87783-437-1